宗教と科学のせめぎ合い

信と知の再構築

水谷周 著

国書刊行会

はじめに

合理的な言動がより良い世界へ導いてくれると、多くの人は考えてきた。ところがこの信条に色々疑問が投げかけられる時代となった。世界では、日々目にあまるロシアの国際法無視という非合理がまかり通っている。また進化論的な啓蒙主義に基礎を置く、これまでの常識を批判する思潮も続出している。さらに、原因は一つでも同じ結論に導くとは限らないという因果関係の不安定さが物理学で論証されたために、実証と実験に基づく科学研究もそれほど確実とは思われなくなった。

一方、人間社会の大きな精神的支柱であった宗教は、土台に火がついてから久しい。大きな挑戦は、他ならぬ自然科学の発達であった。数世紀前には、地動説や進化論で神の教説に疑問符が投げかけられた。最近では信仰も脳科学が解明を進め、いずれは「機械の神」も登場するかもしれないとささやく人もいる。そして底流には物質主義がはびこり、宗教界は意気消沈気味といえよう。

精神と物質、あるいは信と知という人間生存の二つの側面が、それぞれ瀬戸際に立たされている格好である。加えて、それら双方は対立の歴史からまだ完全には脱却していない。今世紀に入っても、指導的な宇宙科学者がローマ教皇と正面から対峙《たいじ》する場面も見られた。

不確かさばかりが増している現状は、本当は崖っぷちにあると言わなければならない。しかし人々はこの問題の深刻さのために、日常的には意識することを回避している。そうしないと、そもそも毎日の生活を心安く過ごすことができない。またそれを回避することは、当面の生活のためには何ら倫理道徳的に非難されるゆえんはないし、自分一人でそのような重荷を自らに課さなければならない理由もない。ところがそれでこの問題は、消え去るわけではない。その重みと大きさのために、何時までとも分からないままに、先送りされているに過ぎないのだ。

現代は誰が考えても乱世である。今までの多くの信念や指針が崩れ去っている時代である。いずれの側面をとっても多数の専門家がおられる中、本書の眼目はこの状況に正面から向かい合い、明確な形で問題の整理と打開策の展望を提示することにある。またこの課題は次世代への遺言のような位置づけにもなる。日本の戦後社会は、宗教アレルギーに蝕《むしば》まれてきたことが特筆される。正しい信仰と知識の相互の立場が共に守られなければ、ある人は刹那的な人生観に悩み、そしてまたある人は分裂的な世界観から免《まぬが》れることはないだろう。

以上のような抽象的な設問は、今の現世的で物質優先の日本社会に異質であることは言うまでもない。ということは、本書は日本の現状に対して反省の一石を投じ、また一本の矢を射ているということでもある。その矢が人の心に達して、的を一撃することができればと願うものである。

著者

目 次

一、信と知の相関関係

宗教信仰と対立する関係の中から、自然科学が発展してきたという歴史は広く知られている。それは主として西欧のキリスト教世界を舞台とした展開であった。しかしその点、仏教ではどうであったのか、さらにはイスラームではどうか、ということはあまり顧みられなかった。科学は欧米だけのものではない以上、本章ではこの視野を広げるため、本書冒頭の入り口として、少し早足に概観してみたい。そこには、多様なあり方があったのだ。(1)

ア．キリスト教世界と近代科学の発達

まず初めに取り上げるのは、西欧キリスト教世界である。これが現代社会で最も広範に流布しているパターンであり、われわれにとってなじみがあるものだ。

古代ギリシアにおいては、プラトン（紀元前三四七年没）らの概念的なイデアの世界が提示されたことは周知である。現象世界の外に、もう一つの世界を想定して、それによってこの世の諸事象を理解しようとする発想であった。例えば三角形は、その原型がイデアの世界に

あるので、われわれは現実に三角形の形をこの世で認識できるといった具合である。こうした思索は、理性（ロゴス＝ギリシア語）の働きとされた。

またこのようなもう一つの世界を想定すること自体は、中世のキリスト教支配下においても行われた。それは神の啓示が主軸となりつつも、その理解のためとして、人間に理性（ラチオ＝ラテン語）を認めたのであった。こうした関係の下において膨大な知力が発揮されて、例えばトマス・アクィナス（一二七四年没）の『神学大全』が著されたことはよく知られている。

しかしそれからほぼ一世紀した頃に出たオッカム（一三四七年没、イギリスのオッカム村出身で、オッカムのウィリアムとも呼ばれた）は、神学と哲学を分ける努力をしたことで知られている。かれは「明確に知覚できない存在や概念を認めるべきではない」、「必要以上の仮定はするべきではない」などと主張した。これは無駄を削ぎ落とすので、「オッカムの剃刀《かみそり》」とも言われた。こうして観察や経験を重視する哲学と、神などの概念を用いる神学を切り離すことで、幼児のような段階ではあるが、近代へ向けての哲学のヨチヨチ歩きが始まったのであった。

ところが近代に近づくとさらに、人の理性（リーズン＝英語）は独り歩きを始めたのである。この最初期に最も特筆される進展は、コペルニクス（一五四三年没）やガリレイ（一六四二年没）らの地動説の提示であった。ガリレイは若い頃から数学者としても知られたが、オランダで発明された望遠鏡にヒントを得て、人類初の天体望遠鏡を自分で製作して天体観測に挑んだ。しかし宗教裁判では、地球の公転運動と自転運動の証拠として海の潮汐現象や貿易風の存在を示したものの、その批判に対して有効な形で証明できなかったのだ。ちなみにそれが科学的に証明されるまでには、一五〇〇年以上の歳月を要した。他方両者共、神との対抗などは意図しておらず、後者も恐る恐る主張したところ、天動説と見られた聖書の解釈を間違っており、異端であるとして裁かれたのであった。そしてその異端判決を誤りとしてローマ教皇によって訂正されるのには、さらに約四〇〇年かかった。

しかし一七世紀後半になると、やはり神学から完全には独立していなかったが、近世哲学の祖とされるデカルト（一六五〇年没）の「我思う、故に我あり」や、パスカル（一六六二年没）の「人は考える葦」であるという言葉に集約される格好で、人知が前面に出される事態となった。次第に中世の神学は人間中心となることで神の諸側面を剥ぎ落とされて近代の哲学が生み出され、神の啓示による法ではなく、理性による近代科学が産声を上げることとなった。この推移は徐々に進んだのであって、科学者は神と対決することを目論んだのではなかった。かれらは自然という現象の中に法則を見出すという結果に導かれつつ、そこに神以外の法則世界を見出し、それを樹立してゆくこととなったのであった。

さらには、経験主義の祖といわれるベーコン（一六二六年没）が力としての知を主張し、自然を支配する考え方を押し出したことは、産業革命を経て、西欧諸国による急速な世界の物質的経済的収奪を後押しした。そして科学の精神的な意義や価値論は置き去りにされて、宗教との分離が進むこととなった。

ところで神との正面衝突という意味で、旋風を巻き起こして、最も人心を驚かせたのはダーウィン（一八八二年没）の進化論であった。しかし彼自身の言葉では、神との対決は語られなかったのであった。『種の起源』では、「造物主」は物質に諸法則を刻印するという脈絡で、創造主の差配が語られているほどである。しかし社会全体としては、既に当時かなり脱宗教であり、世俗的な考えの人が少なくなかったと見られる。そんな中、没後に出版された『自伝』においては、ダーウィンは徐々に不信心になっていたと告白することとなった。(2)

なおこの宗教に対決する科学という潮流の一連の著名な言葉には、次のようなものがある。キリスト教批判の意味から何度も作品中で繰り返されたニーチェ（一九〇〇年没）の「神は死んだ。」や、マルクス（一八八三年没）の「宗教は社会の阿片だ。」などである。ただし人間界以外に絶対の価値基準を認める唯物史観こそは、別の宗教だという指摘もされうるところではある。またアインシュタイン（一九五五年没）は「科学なき宗教は盲目であり、宗教なき科学は不具である。」と言い残した。さらに筋肉が萎縮する難病のために車椅子生活を強いられた、イギリスの高名な理論・宇宙物理学者、ステーブン・ホーキング（二〇一六年没）の事例もある。彼は、「創造や進化に関して、神は必要ない。」と言ったとして、不敬だとの誹《そし》りが飛び交ったことがあった。その顚末は、結局「…証明されるなら、」という仮定の上での発言であったとして、ローマ教皇と和解するに至ったのであった。

この間、科学者たちはあくまで現象と自らは、別物として客体化していたのである。自然現象の一部として、あるいはそれに包摂される姿を描いていたのではなく、別物であり、現象には独自の法則が見出せるという立場であった。以上のような、現象自体に法則を見出すことを眼目とし、他方その法則は自分自身とは切り離して捉えるという基本姿勢は、今日現在も全く変わっていない。それは科学のいわゆる客観性を担保するための大前提となっているのである。

イ．仏教の場合

仏教の場合を見てみよう。仏教においても現象世界に自然の法則を見出す点は、西欧の科学と軌を一にしている。それがいわゆる、生々流転であり輪廻転生の法といわれ、それは諸行無常という表現にもつながっている。初めもなければ終わりもなく、あるのは諸物の縁起という因果関係だけと理解するのである。

しかし西欧の科学と異なるのは、次の点である。つまり科学では人間は現象とは別物で、客観視されるのであるが、仏教ではそうではなく、自分は宇宙万物の現象の中に没している姿を描くのである。それが無我ということになる。仏教で悟りを開くとは、小さい自分である小私《しょうし》を脱して、大きな自分、大私《だいし》になることだとも言われるが、この表現は分かりやすいかと思われる。無我を会得すると我執を離れて、広大な境地に至り、それが大私ということになるので分かりやすい。

しかし大私になると言えは「分かりやすい」とはいっても、本当に悟りを開くことは容易でないことは言うまでもない。しかも悟って解脱しても、煩悩が本能や身体と深い関係を持っていることなどからして常に不確実であり、それは不断の解脱性を保証はしないとされる。だから不動の無我の境地に至ることは至難であり、それだけ仏教は奥深いというべきか、あるいは判然としないと言っても差し支えないであろう。同じ設問が禅の公案として、何千年と繰り返されてきている所以である。その方途は瞑想であり、その次元のやり取りは修行僧にも明確ではなく、ことは尋常ではない。実証は求められずに、実践（坐禅による瞑想）が唯一の認められた方途である。

さらに一歩進めるならば、西欧における理性は、仏教からすればまだまだ打算や思慮分別に囚われているものに過ぎない。むしろ仏教では、西洋でいう理性のはたらきは我執とされ、諸煩悩の原因の一つに数えられている。仏教で説く知の究極は仏智《ぶっち》で、無分別智《むふんべっち》、あるいは空智《くうち》と言われるものである。それは我執を脱しているので解脱智《げだっち》とも言われる。こうなると「分かりやすい」の段階を遥かに過ぎ去り、文字通りそのまま悟りの世界へと誘われることとなる。しかしそれがいかにも不分明であり因果関係もはっきりしないことが、仏教科学というものが生み出されることがなかった原因であろう。

今日仏教がその歴史形成のエネルギーを喪失しているのみならず、その脈動する宗教的生命さえも枯渇しつつあるのは、仏教的な無分別智の立場が自らを固定化対象化して、今日の自立的な純粋分別の立場とのみならず、日常的な分別の立場とさえ、対立するごとき無分別智に堕しているからではあるまいか。(3)

仏教研究者の中からの、厳しい評価は特筆される。いずれにしても、無分別智や悟りの世界が日常的な純粋分別の立場から、もう少し柔軟で幅広い理解を獲得するのは、まだ先になるのであろうか。

ウ．イスラームの場合

以上と対比して、イスラームの立場は、西欧世界に近いとも言える。つまり、自然の現象自体の法則的世界を見出すことに躊躇はない。その姿勢が中世における、イスラーム科学の大きな原動力となったことは間違いない。天文学、医学、数学、化学など、さらには人文科学の哲学などの分野でも、多数のムスリム学者が輩出した。その源泉の多くはギリシア古典であった。それが今度は、アラビア語からラテン語に翻訳されて、西欧世界にもたらされた。前述の地動説はコペルニクスが発案したかのように言われてきたが、最近の研究ではそうでもないということだ。それはラテン語に訳されたアラブ文献にあったのを借用していたということで、昨今はコペルニクスの評価にかなり修正が入ってきているようだ(4)。

それほどであったイスラーム科学であったが、そこでも人間観としては自然現象とは独立独歩で客体化されて見られていたことは、西欧の科学と同じであった。仏教のように、自らを現象に埋没させる見地ではないのである。言い換えれば、人間であれ自然であれ個別の存在として、絶対主が万物をお創りになったということになる。

ただしイスラームが西欧の立場と基本的に異なったのは、次の点であった。つまりイスラームでは、すべては絶対主アッラーの創造と支配の下にあるということが、徹頭徹尾堅持されてきたという点である。だからアッラーから離れ、ましてや対立することなど、おそれ多くも頭には浮かばないのである。新たな科学的な発見により、新たなアッラーの力量に驚き、差配に感謝し、喜びの源泉となったのであった。科学的な知識（イルム＝アラビア語）は常に、宗教上の知恵（ヒクマ＝アラビア語）の下にあり、従属していたのであった。

イスラームでは創造主の存在があくまで大前提である。他方西欧の科学は、神の存在との対決姿勢が露わとなり、結局のところ二律背反という関係が露わになってしまった。われわれはそのような対決の関係が良いのか悪いのかを問うているのでないことは、言を待たない。どこまで行っても、西欧キリスト教世界、仏教世界、そしてイスラーム世界の三者における信と知の立ち位置を確認して、それらの相関関係を描いているのである。

エ．残る疑問点

以上に見て来た相関関係に、幾つかの疑問点が残されるのは当然である。

第一には、西欧の科学では人間は自然とは異なり、客体化されて見られたのに対して、仏教ではどうして万物存在の現象に没した格好で見られることとなったのであろうか。こういった根本的な疑問には、何ら確たる回答がないことが多い。ここで想起されるのは、しばしば指摘されることではあるが、欧米では自然は人間が支配する対象として見られるが、逆に日本庭園の事例では、人と自然との融和が強調されるということである。これもなぜと問うてみても、その疑問には正面からの回答は用意されないだろう。そのような生活感覚と風習であり、それがなじんでいる伝統だとしか言いようがない。

仏教の生まれたインドでは、ガンディスの大河のように、自然の存在が圧倒的な質と量をもって人に迫ってくる環境であったということなのか。一方西欧では、自然は人間が闘う相手であったのだ。さほど欧州の自然が、インドのそれと比較して厳しいわけではないが、そのような宿命と役柄が割り当てられたということになる。さらに付言すれば、中国で火薬の発明は西欧より早かったが、それは花火の開発に結び付いたのに対し、西欧では直ちに武器生産と直結したことがある。中国でも主客は峻別《しゅんべつ》する発想ではなく、それは一義的には人の生活の中にとけ込み、敵対関係を背景としない形で利用されたのであった。[5]

また日本では、科学と宗教の対立関係は、欧米ほどには鮮明にならなかったということについて、格別の状況もある。欧米の論争史を覗いてみても、その命を削るような激しさに関して、日本ではあまり実感が湧かないのは不思議ではない。わが国でも多くの卓越した科学者は輩出してきた反面、正面から神との決別や決戦を口外して挑んだ例は、まず見当たらない。

夏目漱石との交流でも知られた科学者であり随筆家の寺田寅彦（一九三五年没）は、「天災は忘れた頃やって来る。」と言った。どうもその出所は確認できないようだが、いずれにしてもその含蓄は、日本は地震、津波、台風など天災の百貨店だということにある。そしてそのような不安感に満ちていたことが、日本人を自然と融和的にして、柔軟にしたという。つまり自然に神性を見出す日本の宗教伝統からすれば、人・自然・宗教信仰は一体の関係にあるということ。そのため自然は支配するものだという感覚で、それとの対決姿勢を露わにする欧米文化と異なる伝統が生じたという(6)。

日本人で初めてノーベル賞を受賞した湯川秀樹博士は、できれば西行や芭蕉のような俗世を離れた生活を望んでいたそうだ。彼の詠んだ歌には次のようなものがある。物理学の大原理が、自然と融和して捉えられている空気が伝わってくる。

物みなの　底にひとつの法《のり》ありと　日にけに深く思ひ入りつつ(7)

明治の著名なキリスト教徒であった内村鑑三（一九三〇年没）が初めて得た職は開拓使御用掛であり、科学者として北海道の水産資源調査に当たることであった。そして彼はダーウィンの進化論も相当勉強しそれに関する講演も行ったが、結局、札幌農学校の米人ウィリアム・クラーク校長の原始キリスト教をそのまま伝える指導を受けて、前述の対立関係は表明しなかった。つまり科学も信心もすべて、神に捧げるという立場であった(8)。

次いで第二の疑問点である。それは、イスラームの絶対主の支配は一貫して維持されてきたのに対して、西欧の科学の発達は神支配の拒否へと向かった。この違いはどこから来たのかということである。これについても短絡的な回答は存在しない。

恐らくキリスト教諸国における宗教支配の神権は、それを拒絶した王権の発達により、正面から対立する羽目となった。ということは、それほどに宗教支配がいずれ排斥されねばならないほどに、人々の生活を脅かすものになって来ていたということになる。他方、イスラーム諸国における支配権力は、そこまでの拒否反応を引き起こさなかったということである。つまりそれなりに民衆の支持を得ており、様々な不満などがあり、実際他地域からの民族侵入が頻繁で、そのため度重なる王朝の変遷はあったにしても、イスラームという枠組みとしての体制自体に広範な反旗を翻すには至らなかったのであった。

これはもちろん結果論であるが、イスラームの支配領域は広大で多民族であったが、中東の強みである東西貿易を主軸とした社会的紐帯《ちゅうたい》はゆるぎなく、また政教一致の観念はキリスト教社会よりも根強いので、教義に基づく慈悲や正義といった諸価値の社会的浸透度が高かったと言えるのではないかと、推定することは可能である。乱入してくる諸民族の多くは、元は傭兵《ようへい》であり、文化的な優勢がイスラーム側に確保されていたこともある。つまりイスラームの方が、西欧社会におけるキリスト教よりも一層不可欠な社会の基盤であったということになる。

他方、そのようにイスラームの神支配を至上命令とする体制下においては、やはりどうしても知的論理が社会全体の主流にはならなかった。イスラーム最大の知的蓄積はイスラーム法学であると言われ、それは確かにローマ法典に勝るとも劣らない質と量である。ところが全体的には中世以降、イスラーム科学の発展はやがて滞り硬直化し、西欧の近代科学の前には歯が立たなくなった。ただしその主要な原因としては、西欧の大航海時代を通じた世界支配と、そのために生じた中東イスラーム圏の東西貿易の陰りという事実も働いていた。つまり経済活動の衰えと社会全体の活力の低下という時代の趨勢があったという次第である。

それにしても、いずれの宗教世界に関しても厳密な比較をするのは難しい。幾多の指標を設けて、比較分析などをする今様の手法を想定することはできるかもしれない。ただしそれにしても多分に推察の域を出るものではない。茶化すわけではないが、本件は自然科学でもないので、残念ながら今さら実験で検証することはできない。

要するに、基本的で総合的な疑問点については、初めから明確な答えなどないのである。何とかわれわれはより良い理解を持とうとしているだけであり、これ以上この方向での詮索は控えることとしても、叱責を浴びることもないだろう。

【註】

（1）「信と知」の定義は、本書では取り上げない。それ自体広く長い検討を惹起する。本書では、現代日本語として通常使用されている意味合いである。前者は宗教信仰を初め信念や信条であり、後者は知識なかでも科学的知識を初めとする知恵や知能である。

（2）八杉龍一「ダーウィニズムの周辺」、河合隼雄編『宗教と科学　岩波講座』全一〇巻、別巻一、二。岩波書店、一九九二年～一九九三年。第二巻「歴史のなかの宗教と科学」、二五八頁。本講座を以下においては、『講座』と略して表記する。

（3）阿部正雄「現代における信の問題―仏教的信と理性」、『仏教における信の問題』日本仏教学会編、平楽寺書店、一九六三年。四四頁。

（4）拙論「科学とイスラーム信仰」、拙著『信仰の滴』国書刊行会、二〇二二年。二四三―二五五頁参照。マラーガに天文台を創設した、シーア派ペルシア人法学者、哲学者、科学者のイブン・ハサン・アルトゥースィー（一二七四年没）が地動説を示唆したともされる。全般的には、中村廣治郎「イスラームの科学と宗教」、『講座』第二巻、一九九一年。七三―一〇六頁。

（5）河合隼雄「一神論と多神論」、『宗教と科学』、河合隼雄著作集第一一巻、一九九四年。三一四頁。他方同論文は、一神教の発想が西欧では科学を宗教と敵対的な関係に追いやったとしているが、イスラームは一神教であっても、宗教とは対立しなかったという事実を視野の外に置いている。日本においてイスラームが十分に知られる以前の考察であろう。
（6）山折哲雄『近代日本人の宗教意識』岩波書店、一九九六年。六〇―六九頁。
（7）荒川紘「日本文化における知と信と技―和歌と俳諧に読む」『科学と宗教―対立と融和のゆくえ』日本科学協会編、中央公論新社、二〇一八年。第一〇章、二三九頁。
（8）同掲書、武富保「内村鑑三による科学とキリスト教」、第一一章。

二、信と知のせめぎあい

科学は自然の法則を見出すと、それを神の法との対立として捉えることで、キリスト教とは対決の歴史を展開することとなった。しかし仏教も自然に直接に向かい、そこに法を見出してもそれとの対立ではなく、結局は縁起の法に則して理解し、したがってそこには対立関係は生じてこなかった。またイスラームでは、自然における法は常に絶対主アッラーの差配の顕現として、驚きの気持ちで迎えられた。それは対立どころではなく、さらなる絶対主称賛の契機を提供するという顚末になったのであった(9)。

本章は以上のような歴史的な発展を踏まえつつも、今日現在の双方の関係について検討したいと考える。それはまだ安定期に入ったとは言い切れない状況である。いまだにせめぎ合いの時代であるが、それがさらに悪化して、下手をすると共倒れの恐れまで出てきていると見られるのである。

ア．対話ではなく相互承認と互恵を

科学と宗教は対立関係に置かれがちなので、それをもっと穏当でウィン・ウィンの対話に導けないかと考えるのは自然であろう。一般に対立、戦闘、テロ活動など異常な緊張関係に直面すると、それからの脱却のためにもすぐに対話が持ち出されるのは、しばしば見られることである。

そこで宗教と科学の対話といったことが関心事となってきた。著名な学識者で文化庁長官も務めた河合隼雄氏（二〇〇七年没）には『宗教と科学の接点』と題する著作がある。題名のテーマに関する多数の論考集である。そしてその最後には、「宗教と科学の対話」と題する補論が添付されている。その論旨はおよそ次のようになっている[10]。

歴史的には、ニュートン（一七二七年没）らが活躍した一七世紀には、まだまだ神から離れた科学の立場は確立されていなかった。彼自身、心霊学、神学などに深く傾倒していた。それが神から切り離されて、科学自身の独立的な立場と発想が前面に出るのは、漸く一八世紀になってからだという。科学の発見、発明が、聖書で説かれていることに対して次々と反証を挙げる進展があったから、ますます人は注目することになったということだ。そしてその思潮が勢いづき始めると、次にはそれはとめどもなく増幅しながら前へ進むのみということになった。

　ところが科学オンリーという見地は、それまでは担保されていた人間の様々な事象に対する関係性を喪失させることになったのである。関係性というのは、人間と自然の関係であり、人間同士の関係性である。そこでは活発だった喜怒哀楽などの感情や、意思や決意といった人の持つ感性が排除されることとなったのである。それを裏から言うと、客観性や自我の確立ということでもある。ただしその自我とは、孤立するほどに周囲からは切り離された存在となっているのである。

　これが現代の憂鬱の大半であり、多様な現代病に導いているという認識が広く持たれるようになってしまった。だからそれは科学のもたらした負の面であり、新たな問題として正面から取り組んで、その軽減や治癒を必要とするとの課題に移った。それがフロイト（一九三九年没）の心理学などの背景になったという。多くの心理学者たちが、医学出身者であった理由である。同時に、科学と宗教は何とか対話ができないかという願望にも駆られることとなったのである。

　そこで、河合氏の補論では、対話の成立する諸条件が示される。例えば、参加者の対等性、発言の自由、共有される言語、相互関係の維持、新たな発見の願望などである。ところが、宗教も科学も各々が独自の支配領域を誇り、いわば互いに「偉すぎる」ので、そのままでは対話は成り立たないという結論が出てくる。しかしそれでは元も子もない、とばかりに、最後には互いに半歩ずつ譲り合う姿勢が必要であると結論して筆は置かれている。

つまり一つのアプローチとしては、双方とも現象にもっと着目することにより、一方は理論過剰で実態から離れがちな面を調整し、他方は教義過剰を克服することで、それぞれの領域から半歩踏み出すことを示唆《しさ》して、筆を置いている（ただしもっと具体的に「半歩ずつ譲り合う」とは何をどうするのかについては、最近の米国の研究者の論考も踏まえて、本書の最終章で検討する）。

河合氏が以上を論じるのに、幅広い学説や見識が紹介されて、手際良く議論が進められるのは、当代随一の論者ならではのものである。しかしここで著者（水谷）が提起したい疑問は、はたして科学と宗教は対話を必要とするのであろうか、ということである。確かに宗教は科学によって様々な自然の謎を解き明かされて、窮地に追い詰められたかのようである。他方、科学も自身が完結した域に達していると豪語できるわけでもない。あるいは、豪語できるようになると信じられているわけでもない。第一そのような自然の謎はなぜ作り出され、またそれは何のためだったのか、という目的についての基本的な疑問は触れられることさえないのである。

少し敷衍《ふえん》すると、科学によって多くのキリスト教の教義が修正を迫られてきたことは、誰も否定できない歴史的事実である。ところがそれらの修正の諸点は、科学知識もなかった古代由来のものが少なくない。修正するのに何も躊躇することもなく、受け入れればそれだけのことである。というのは、宗教の根幹である人の命の大切さや広大で人の心の琴線に触れる慈悲、正義といった価値感覚は揺ぎないからである。またそれらは科学が教えてくれるものではないことも、あまりに明白である。つまり互いに異なる領域があるのであって、そのような圧倒的に独占的で優利さを誇っている領域のあることを、互いに正面から認め合うことが必要なのではないだろうか。

そうすると両者に求められるのは対話ではなく、互いの優利さと、同時に互いに未完である実態を認め合うこと、すなわち相互承認ではないだろうか。そこから互恵のメリットも生まれてくる。

科学者も神支配からの脱却を願って研究をする時代は終わった。究極のところ科学では究明され得ないものが残されることは、覚悟の上で研究を進めざるを得ない。それは何も絶望や卑屈さを伴うものではなく、人知を尽くすという称賛されるべき姿勢と尽力である。

ちなみに科学の基本である、実証主義の限界に関する考究も進められている。振り返ってみると、そのような論点は早くは、一八世紀のイギリスの哲学者によって提示されていた。ディヴィッド・ヒューム（一七七六年没）は経験論からして、たとえ一億回の実験によって同一の結果を得たとしても、一億一回目の結果を保障するものは何もないとしたのである。因果関係とは目に見える規則性に過ぎず、その背後にある必然性のようなものを想定する部分は幻想だと考えた。

そこへ実証主義の限界に関する考究の、現代版が登場したということになる。それによると、「相対論がニュートン・カント的な絶対的時間空間を否定し、量子力学が無限に精密な観測が原理的には可能だという仮定を否定した。カオス（混沌）は無限に近い精度で初期値を与えても、ニュートン・ラプラス（一八二七年没、フランスの数学者、物理法則で将来予測が可能と主張）的な予言が不可能であることを示した。」つまり方程式は同一でも、初期値に敏感な場合は、複雑で予測不可能なカオス的な結論があり得るという見解である。よく引用される比喩として、「北京で羽ばたいた一匹の蝶の影響で、ニューヨークに嵐が起こる」という言葉が挙げられる。時間の経過と議論の進展によって、実証という作業はますます高度化、複雑化し、それは科学者の自信をも「ぐらつかせているように感じている」というのである[11]。

ただし以上にもかかわらず、同じ量子論に基づいて、神と科学の対話が成立しそうだとする人たちもいる。量子論によれば一つの粒子が同時に二つの場所に検出される、ということは根源的な実在は認識し得ない、すなわち精神と物質は一つにして同一の実在をなしているというのである。それを称して、超実在論と呼んでいる。そこから神と科学の真の対話が可能になるとする[12]。

他方、宗教も科学がもたらした膨大な成果を、軽視し拒否できる時代ではなくなったのだ。医療の進歩によって健康が維持され、また宇宙の創造のありさまをおぼろげながら目前に出来るようになってきている。軽視できないどころか、重視しなければすまないのである。そこで、今や互いにそれぞれが持つ固有の優位さを認めることに心中の拘《こだわ》りはなく、互いの特典を存分に活用することが最も穏便で、賢策ではないかと自然に思われてくるのである。科学者たちは実証作業の不確実性と、究極的にはすべてが無価値という中に置かれる恐怖という危惧に襲われることなく、研究に没頭できる。他方宗教者は敵対者が攻めて来るのではなく、一ページずつ謎解きが示されるのは喜びであり、また全体像としての諸価値と人類の精神的な方向性を示すことにもっと誇りを持つこととなる。**これは、互恵に他ならない。そしてこれが、信と知の再構築の第一関門である。**

そうすると相互承認というこの方途は、互いの活発な共存と互恵を保証するものとして、キリスト教や仏教の把握方法ではなくて、イスラームのそれに一番近いという結果になるのではないだろうか。これは全く別の論点になるので、ここでこれ以上は控える。いずれにしても、より開かれて柔軟な視野を持つことは、いつも新たな展望を提供してくれるものである。

イ．異なる手法―理知と宗教的直観

宗教と科学は別の領域であるので、それらの対話を仲介しようとするよりは、今日の段階に至っては、互いに固有の価値を認知することで、相互の承認による互恵と共存共栄が最も妥当な関係ではないかということを前述した。それではどういう意味で、それらは別の領域だというのかという点について、もう少し突っ込んで考えてみたい[13]。

しばしば見られる仕分け方は、科学は事実と理論を扱い、宗教は究極的な意味と道徳的な価値を扱うものであるというものである。それは目的に基づく仕分けと言える。しかし以下においては、手法の違いによる、別の仕分け方取り上げる。つまり自然は合理性に基づいているので、それを人間の理知的な実証を積み重ねることでいずれ全体が解明されるだろうというのが、科学研究の大前提である。これは理解されやすいので、ここではそうではない方の、宗教の領域に主として注目することとする。それは、宗教的な直観の世界ということになる。

直観という特別の漢字を使用しているところにすでに意味が込められているが、それは通常の直感ではないということを含意している。つまりそれは本質直観であり、感じるのではなく、観るという部類の働きを指している。第六感と言われる類でもない。それだと感であり、観ではない[14]。

直観する対象は何なのか。それが本質だと称されるものだとしても、容易な表現は見当たらない。強いて言えば、宇宙万物全体の根本原理、あるいは哲理である。存在も非存在も含む。このような言いようのない総体を、一瞬にして把握するということである。こんな機能の理解は、比喩を用いるとあるいは助けになるかと思われる。

それは、芸術の審美眼のようなものである。絵画などの美をいくら論じても、それが心を揺さぶらせる感動を与えることはない。なぜならば、感動は美的直観に拠るからである。いくら説かれても、どうしてベートーベンの「第九交響曲」が人類の代表的な曲であり、同じ音楽家の「月光」はそうでないのか、など説明しようもない。もちろん言葉による評論は常に可能であるが、心底より視聴者をして頷かせるのは、人の心に何がどう響くかであり、それは言語による説明や論証を越えたものである。

宗教的直観は実に多様に記録もされてきているので、引用するのには困らないだろう。中世ヨーロッパの一篤信家としてつとに有名な、フランスのローレンスは冬の枯れ木を見て、神の存在を確信したということである。その枯れ木は本当に寂しい姿であったのに、春には新緑と花々を付けることとなるというその不思議さに、心を奪われ、神の存在を直観したというのである。(15)

多様に記録されてきたという時に忘れられないのは、ジェイムスの『宗教的経験の諸相』

である。同氏の長年にわたる収集と記録の努力を見聞きして、多数の関係者が情報を寄せてきたので、ますます豊かに蓄積されることとなった(16)。

あるいは日本でも、『観音の霊験』と題された一書が、戦前の出版物ながらいまだに復刻されて普及しているようだ。観音信仰の直観的な実例を、多様に集めているので、説得力と迫体験に事欠かない(17)。

こういった実例集が種々発刊されてきたということ自体、本当のところは宗教的直観が言語表現では尽くされることはなく、ましてや科学分析に不向きであることを示している。分かる人には分かるが、どうもピンとこない人には、馬耳東風《ばじとうふう》でどこ吹く風に終わってしまう話である。もちろんそうではあっても、宗教的な才覚は万人に賦与《ふよ》されているはずだというのは、いずれの宗教においても重要な教義の一端とはなっている。だから、あきらめろという教義はないのであるが、実際は人の持つ才覚には強弱や濃淡があり、またそのような才覚の目が開かれるための契機に恵まれるかどうかは、何ら保証はない。その意味では、はっきり言ってしまえば、機会に恵まれない場合は諦めるということになるのであろう。

芸術心の有無、あるいはその強弱が厳存することは、あまりに明白である。またいくら耳を傾けても、ベートーベンの凄さが響いてこない人がいることも間違いない現実であることは、誰しも知っている。

なおここで是非取り上げておきたい現代イスラーム思想家の論述がある。以下はその抜粋であるが、すでに検討してきた宗教と科学の対比や直観的認識など、すべての論点をイスラーム風に明快に展開している。この思想家とは、著者が長年追い続けてきた、エジプトのアフマド・アミーン（一九五四年没）である。

宗教の柱は、啓示と霊操《れいそう》などを通じて見えない世界に魂が達するということである。そして最も高貴な感覚で最高の力に達するということである。もしそれが霊的領域を超えて科学的領域に踏み入れることであれば、科学を説明したり照明したりするだろう。あるいは科学者の研究や成果を否定するかもしれない。そうして自らの役割を超えることになる。他方、科学が宗教を論理で証明し始めるとすれば、それはキリスト教であれイスラームであれ、神学者のようになる。しかしそれは哲学でもなければ宗教でもない、いずれの味わいもないような、つまらない哲学を持ち出すことにほかならない。それらはいずれも、目で匂いを嗅いで、耳で聞いて、鼻で味わうようなものである。(18)

ここに言う霊的領域の最高の力という存在は絶対主であるが、そこにおいて信者は宗教信仰の真髄を全幅で満喫し、その感覚は荘厳さと安寧の気持ちに満たされていると了解される。

つまりそれがいわゆる救済ということにもなる。[19]
続いて頂点に達するための直観については、次のように言う。

人には理性的な力以外にもう一つの能力、あるいは才覚があると思われる。それは既知の諸事実から結論を導き出す、論理でなじみのある方法ではなく、別種の真実を認識するものである。その力は、啓示、直観、顕示などの能力が潜んでいるところである。そしてそれは既知の事実の計算や、結果の評価はしない。それは一瞬の稲妻のようなものので、それで諸事実を明らかにするのである。動物にもそのような能力があることは、アッラーが言われた。

「またあなたの主は、蜜蜂に啓示しました。山や樹木、かれら（人びと）の建造物に巣を作りなさい。[20]」（一六：六八）

最後にアミーンは、宗教と芸術に関しても、本書を通じて見て来た議論とほぼ異口同音に述べている。

文学や音楽や絵画といった芸術は、基礎として感情的な理解がある。そして外見の背後にあるものへの感性もある。物事の中核やそれらと芸術家の感情や情緒との混交、さらには芸術家の性格との混交に到達もする。そしてそれらを調和した姿で表出し、高貴さと高尚の感情を啓示する種々の絵画や色彩を創り出すために創造主の力を得ることも、基礎となるのだ。(21)

以上が宗教的な直観に関する詳論である。他方理知的な働きも、大なり小なり、類似していることは否めない。誰しもが単純な算数は理解するとしても、教鞭を取り、あるいは研究に日夜励むような数学者になれるわけではない。そこには全く次元もレベルも異なる世界が展開しているからである。

ここで理知の世界における固有の直感力について、敷衍《ふえん》しておきたい。それは多くの科学者が語っているはずであるが、実例を挙げてみよう。中性子理論で戦後初のノーベル賞を授与された湯川秀樹博士（一九八一年没）は、台風で強風がうるさく吹いていたある夜、寝床に入っている時、自然と頭に中性子の仮説が浮かんできたということは知られている。著者（水谷）は、京都大学に入学したころは、吉田のキャンパスを同博士が散策しておられるのを幾度か行き違って拝見したことがあった。それだけ右の実例が身近に思われて、半世紀後の今も記憶に刻まれているのかも知れない。

今一つ科学以外の直感力の事例を加えておきたい。それは、やはり著名な明治・大正の哲学者西田幾多郎（一九四五年没）である。彼はその著『善の研究』において、「私は何の影響によったかは知らないが、早くから実在は現実そのままのものでなければならない、いわゆる物質の世界という如きものはこれから考えられたものに過ぎないという考を有《も》っていた。まだ高等学校の学生であった頃、金沢の街を歩きながら、夢見る如くかかる考に耽ったことが今も思い出される。[22]」この着想に端を発して、後に実在とはただ我々の意識現象即ち直接経験の事実あるのみであるとの、彼の哲学の基礎を構築することとなったのであった。

科学的直感によるものは仮説であり、それはいずれ理論で積み上げられて、実験などを経ることで新たな科学的知識として承認されて流布されることとなる。こういったプロセスは宗教的直観には不可欠ではない。単刀直入にインスピレーションで得られたものはそのままで、その人の新たな収穫であり、輝く宝となるのである。

そこでここらで全体を見渡して、諸点をまとめてみたい。

宗教も科学も、共通の酷似した起因は「一瞬の稲妻のような」ひらめきである。しかしそのままでは仮説に過ぎないため、科学はそれを論理的な実験・実証で証明・検証して知の世界を拡張する。他方宗教は、その内容を言動の両側面の実践で確かめ、確実・堅固な信を獲得・樹立することとなる。つまり双方において探求のプロセスの手法が異なっているのである。このような理解が成り立つこととなるのである。

ただしここで一つ、留保を加える必要がある。それは宗教と科学で共通の酷似した起因は、「一瞬の稲妻のような」ひらめきであるとした。他方その客観的な分析は存在せず、経験的なもの以上には、内実が詳細に分かっているわけではない。そこで酷似したひらめきとしては同一の用語で表現しつつ、宗教的直観と科学的直感とは別物としたのである。ひらめきの後のプロセスが異なっているのである。

要するに、「ひらめき」という天使のようでもあり魔物のようでもあるこの作用には、断定する根拠がないのが現状である。ちなみに、「ひらめき」の世界は、科学や宗教に限らず、芸術、スポーツ、政治・経済、そして人間活動のどの分野でも経験済みであるし、それらはどこにおいても大いに貴重で、その活動の成功のためには必須な要件となっている。それは多くの人により、語られ、体験されてきた事実である。しかもそれは当の本人の気づくこともあれば、そうでないこともあるという、独特の曖昧さの中に置かれている。これほど貴重な機能であるのに、経験的な表現以上には、何も解明されていないのは驚きである。

いずれにせよ宗教であれ、科学研究であれ、究極のところは通常の思考様式や推論を越えた作用によって、新局面を察知して、それぞれの頂点に到達することになるということである。そしてスポーツは健康にいいし、それは宗教にとっても良いこと、他方宗教が精神の安定に役立つことをスポーツは認める。同様に、科学は客観的な正しい情報と掛け替えのない利便を提供し、それは宗教も歓迎する。他方宗教は固有の人生上の理解を提供し、心の安定剤となり、また巨視的な人類の向かうべき霊的な方向性を提示する、掛け替えのない、輝く財宝であることを認める。これが相互承認である。

ウ．宗教の科学的探求

科学研究が従来の宗教的な教義にそぐわないケースがあるとしても、それは結果論であったことが多い。天動説もそうだし、進化論もそうである。以下ではそうではなく、宗教の正当性や妥当性そのものを打倒する形となっている最先端の科学的探求の現状を訪ねることとしたい。これは最も対立関係が先鋭になることが予想されるからである。いわば敵対心をむき出しにした挑戦である。

面白いことにそういった研究分野の中心は、この二一世紀になっても相変わらず宇宙論と生物の進化論であるということである。いずれも飛躍的な進歩を遂げつつあるが、いずれも終着駅にはまだまだ遥か遠いと言えよう。特に宇宙論の方はよほど距離感があるので、まずそれについて簡略に触れることにする。

昨今の宇宙物理学は「証明されるなら、神は必要ない」（既往のホーキング博士）とするなど、無から量子重力的効果で粒子が集積してビッグ・バンとなり、銀河が生まれ、星が生まれ、人類の誕生に至るという仮説の下で、宇宙創造の実証研究を、日進月歩で進めている。世界各地の相次ぐ巨大な天体望遠鏡建造により、大宇宙の詳細な地図作りが進歩しているという。ここにこの脈絡で、興味深いやり取りがあったという話を記しておこう。

教皇ヨハネ・パウロ二世は、前に言及したイギリスの宇宙物理学者ホーキングに対して、「ビッグ・バンそのものは研究してはならない。なぜならば、ビッグ・バンは創造の瞬間であり、神の御業なのだから……。」と述べたそうだ。これはホーキングの著書『ホーキング、宇宙を語る』に言及されている一幕である。(23)

しかし同氏によると、時空は始まりも終わりもないということで、したがって創造の瞬間は存在しないということになるのである。教皇は当たらない心配をしたということにはなる。しかし、本当のところは、別の視点からだが、宇宙の初めという現世的な関心事と宗教上の創造の瞬間とを同じ議論の俎板《まないた》の上に置いたことが、ボタンのかけ違いであり、混乱の原因になったと言うべきなのだろう。そしてこのことは、宗教と科学は対話の成り立つ相手ではないという本章冒頭の卑見を裏書きしている点も看過できない。

仏教の知られた逸話では、如意棒《にょいぼう》に乗った孫悟空が延々と飛んだ後、着陸したところ、そこはまだお釈迦様の手の上でしかなかったという。またクルアーンには次の通りある。

「かれ（アッラー）の玉座は諸天と地に果てしなく広がり、またそれら（天と地）を護持することで、かれが疲れることはありません。かれは至高なお方、偉大なお方なのです。[24]」（二：二五五）

仏教でもイスラームでも絶対主の事柄は、現世で計り知れないスケールだということであり、久遠の世界を指し示しているのである。現世の言葉で描写されているにしても、あの世の関係はすべて比喩的に理解すべきだと、イスラームでは明言される。[25]

実際のところ、ビッグ・バンの全貌が実証されたわけではないし、無から有が生まれたと主張するのは仮説に留まっているのが現状である。またそれが定説となる日が来るとしても、なぜ、何のために、という因果関係の原因以前の第一原因、つまり始原的起因に関する疑問は相変わらず、不問に付されたままなのである。[26] 宇宙物理学と宗教の絡みは、ボタンの掛け違いの感があり、以上の素描で止めざるを得ない。

・宗教に迫る脳科学と進化生物学

二〇世紀後半からは、宇宙の起源から地球の誕生、そして地球上の生物進化、さらにはサル→猿人→原人、そして現世人類への進化過程も相当詳しく解明されてきた。また神経学や脳科学の進展、そして情報科学が言語学や心理学と結合して認知科学が発足させられて、また遺伝子学とも共同して、文化や宗教の発達についての生物学的基盤も明らかにされつつある。こうして宗教の理解と宗教研究は、大きな挑戦を受けている。それらの諸見解の要点を摘記すると、次の通りである。[27]

①社会生物学から進化生物学へ

ダーウィンの自然選択説を基本にしつつ、集団遺伝学、系統分類学、古生物学、生物地理学、生態学などの成果を取り入れて生物の形質の進化を説明することが主流になった。彼の時代は遺伝子もＤＮＡも発見されていなかったが、これらの分子生物学の成果を取り入れてさらに新たに今日の進化生物学へと展開した（なお幾多の名称の学問が続々と誕生して、林立しているのが状況である。そこでそれらを系統的に跡付ける作業も論考としてまとめられているのは参照に値する。[28]）。

この分野内でも見解の対立はあるが、人間の社会的行動や文化・宗教現象も、自然科学的理論を適用して解明できると主張するのが、社会生物学の提唱者であるハーバード大学のエドワード・ウィルソン（二〇二一年没）と、『利己的な遺伝子』（一九七六年）で有名となり、『神は妄想である』（二〇〇六年）を上梓して宗教界に衝撃を与えたオックスフォード大学のリチャード・ドーキンス（一九四一年—）である。

ここでは論争の中心となったウィルソンの説を中心に見てみたい。ウィルソンは専門の蟻など社会性昆虫の研究のみならず、生物地理学や社会生物学など多くの分野で多くの業績を残したが、一九七五年の大著『社会生物学』、およびピューリッツァー賞を受賞した一九七八年の『人間の本性について』は生物学界に衝撃をもたらし、いわゆる「社会生物学論争」を引き起こした。ウィルソンは社会生物学を「あらゆる社会行動の生物学的基盤の体系的な研究」と定義し、七〇年代までの個体群生態学、集団遺伝学、動物行動学の知識を統合した「新たな総合」と位置づけた。そして「動物の行動を含むあらゆる形質が遺伝子の突然変異と自然選択（淘汰）によって進化し、複雑な社会的行動も、生得的に、つまり遺伝的に組み込まれている」と結論づけた。これには宗教という営みも含まれるという理解である。

晩年になると、その構想はさらに拡大し、社会生物学に社会科学や人文科学の分野をも包摂し、人間の心や精神の最深部までをも、その射程に入れようとした。つまり、人間の心や文化の発達にも生物としての基盤があり、それを「自然選択による適応」という自然科学的視点からとらえようとしたのである。定量化できない心的領域にまで自然選択論を広げた彼の理論は厳しい批判を受け、また「人種差別主義者」、「優生思想」、「ファシスト」と罵《ののし》られ、学会場に押しかけた批判者にコップの水をかけられるという騒ぎさえ起きたという。

しかし、そうした騒動にもめげず、彼は社会科学と哲学・倫理学に見られる「環境決定論」

や本書の第三章でも取り上げる「文化相対主義」に対して、豊富な自然科学的データを引用しつつ逐一批判を加え、政治的攻撃に対してもまじめに学問的に反論し続けた。その後、彼自身の説も進化を続け、さらに遺伝学や脳科学の研究成果を組み込み、あくまで自然科学主義者としての立場を堅持してきた。

②脳科学・認知科学の発展

認知科学は複数の科学研究領域の総合によって生まれた分野である。それは人間の脳の研究である「脳科学」と「脳神経学」が大幅に発展したことや、コンピューターの発達に見られる情報科学、情報処理技術の発達によって、人工知能研究と心理学が融合し、人間の心や意識がいかにして生じるのか、それらがどのような働きをしているかを解明しようとする研究分野ということができる。

認知科学という呼称は、イギリスで一九七三年に刊行された政府の報告書の中で、機械を用いた知能の研究が人の思考や知覚の研究に役立つことを提唱して、数理科学、言語学、心理学、生理学の諸分野が統合的に関わる学問領域を「認知科学」と呼んだことに始まる。その後、ハーバード大学、マサチューセッツ工科大学、スタンフォード大学、エディンバラ大学などの各大学が拠点となって認知科学の研究が世界的に展開されていった。

認知科学による人間の言語や心の研究は、言語と脳との関係を初めて明確に提唱したノーム・チョムスキー（一九二八年―）から始まる。しかしその下地は、二〇世紀初頭のフェルディナンド・ソシュール（一九一三年没）による構造言語学にあった。ソシュールは、それまでの言語学が各地の言語の歴史的研究や系統学的研究（通時態）であったのに対し、諸言語の規則的な部分を共時態として比較研究し、言語がある音声と、そこに付与された意味とが恣意的に結合した記号の体系であることを明らかにしたことは周知のことである。そして、この言語のシステムとそれによって表現された文化システムが、物質世界とは独立した意味世界を形成し、物質世界はむしろ言語体系によって区分され、構造化され、意味づけられていくことを発見した。

ソシュールの段階では、しかし言語体系の恣意性が強調され、人間の脳の働きとは結びつけられていなかった。その後、「音素」や諸言語に共通な「文法」の発見を経て、チョムスキーが一九五七年に画期的な著作『文法の構造』を著し、言語能力は脳の働きに依存し、人間の認知システムは、進化によって発達した本能であるという言語生得説及び普遍文法説を提唱して、言語学と認知科学に一大革命を起こしたのである。チョムスキーの衝撃は大きく、その影響下に脳と言語、脳と心の科学的研究が大きく進展したのであった。

人間の心・精神の働きは脳の一〇〇〇億を超える細胞とそれらを結ぶ神経細胞（ニューロ

ン）が織りなす活動によって生みだされるものであること、その核にあるのは言語であり、第一に、それはソシュールの言うように、記号としての音声（または手話）と、それに付与された「意味」の組み合わせという記号としての構造を持ち、第二に、一定の文法規則に従って、音声などの言語要素を並べることで、意味を表現し伝達できるシステムであるが、第三に、この言語能力、特に単語を並べる文法規則は、心の一部として人間に備わった生得的な能力であることなどが明らかになってきた。

つまり心・精神は脳の働きによる生命現象であり、脳が遺伝や発生・分化などの生物学的基盤に支えられている以上、心も生物学的現象と考えられるとする。心は、直感や勘、さらに情動のように言語化されない働きも含むが、心の主要な働きは言語と密接に結びついており、言語が知覚対象や意識、記憶を特定し、概念化して表象するとともに、時間軸上に、物事の因果推論を行い、記憶していく働きを司っているとする。

認知科学による宗教現象の科学的説明は、九〇年代に入ると各国において盛んに行われるようになり、一定の学派が形成されたといえる状況である。進化生物学や人類学、先史考古学などの成果をも取り入れて、世界に遍在する宗教現象を人が進化の過程で形成した「心」の産物であり、宗教は超自然的現象ではなく、人間による「自然現象」として捉える点などで、方法論や問題意識が共通している。また脳科学や脳神経学による脳内現象として神秘体

験を解明する研究も進められている、

さらに現在は、進化生物学と認知科学の結合という事態が生じてきている。一九九二年、「進化心理学」の成立が告げられ、カリフォルニア大学サンタバーバラ校には「進化心理学センター」が設立された。この発展は次に見るように、宗教の捉え方、また従来の宗教研究に対する大きな挑戦でもある。

③進化心理学による宗教論

社会生物学、進化生物学、脳科学、認知科学、そして進化心理学へと発達してきた人間研究において、宗教はどのように捉えられるのか。例示すると、以下のごとくである。

・宗教は、近代主義者が重視した「信念」や「信仰」が核になって構成されているのではなく、音楽や踊り、儀礼など、音響や身体的運動を伴った人間の集団的運動である。

・宗教は過酷な環境を生き延びて、繁栄するために、現生人類の祖先が獲得していった、集団淘汰のための適応戦略の産物である。

・宗教は、他者、自然、宇宙を人格化し、その「意図」を読み取ることで、道徳的行為を促し、集団を結束させて、危険を回避し、集団で生きるために獲得した能力の産物である。

二〇〇一年に人間の全遺伝子構造を解析するヒトゲノム計画の第一段階が完了し、多くの成果がもたらされた。ある特定遺伝子上にダーウィン流自然選択（淘汰）の統計学的指紋、つまり痕跡をさがす技術も画期的に進歩し、心的機能に影響を与える言語障害を生じさせる遺伝子が、自然選択によって形成される過程が明らかになったという。心はその延長上にあるものとして、実験的に検証することが可能になるかもしれない。遺伝子は宗教心や宗教体験のあり方にも影響を与えている可能性もあり、幾人かの宗教的巨人の出現した時代に、後代に世界的となる一神教が生まれたのも、生物学的適応の結果かもしれず、その遺伝子上の痕跡も発見できるかもしれないということになるという。どのような結果が報告されることになるのか、大半の期待は小さくないようだ(29)。

以上、宗教に固有の役割を残しつつも、何とか宗教を追い詰めようという気迫に満ちた科学研究の現状を顧みた。ただし本当のところは、未だに最終的には追い詰められてはいないという結論であろう。

・信仰が前提の深層心理学と身心変容技法の研究

信仰心のあり方や信仰がもたらす身心変容の諸研究は、宗教の心身への影響を探るという立場であるので、脳の機能や遺伝子の作用に分解し生物的現象として宗教を追い詰める気迫に満ちているのとは、ベクトルの向かう方向が異なっている。つまり深層心理学や身心変容の諸研究は、宗教の存在とその役割を前提に科学分析を進めようということになるのである。

＊深層心理学より

まず真の宗教体験とは何か、ということを、深層心理学として研究するアプローチがある。そこでは次のように明言される。それは、呪術、憑依《ひょうい》現象、霊感、恍惚境《こうこつきょう》、回心、悟り、神との一致など多種多様であるが、いずれも深層心理を超えて、神は、私が私自身に近くあるよりも、より近くあることを体験するものである、と。(30)

このような説明に至るには、種々の関門を通ることになるのは当然である。宗教体験の特徴としては、以下の三点が挙げられる。第一に、普通の理性による認識能力では知りえず、それは絶対主の霊による高次の認識であること、第二に、その認識は極めて明澄なものであること、第三には、絶対的なものと一つになる主客一致の状態であり、それは外から見ているのではなく、神の内から自知すること。これらの三点である。

これらの認識はいわゆる深層心理の部類であるが、それは誰しもが持っている意識の元型、いわゆる集団的無意識のレベルにまで遡る必要がある。ところが本当は、この集団的無意識でもまだ不十分で、無辜《むこ》の子供に見られる元型をさらに突き抜けたところに存在する、真の自分、そういう本来の自己を実現する必要がある。それは子供から大人へのイニシエイション現象がよく示しているように、死と再生のプロセスであるとされる。

　真の宗教体験とは、この死を抜けた自分を見出し、そこで神体験をすることである。ここで死とは大死とも言えるもので、全人格的思惟であり、禅では決死の覚悟が求められ、キリスト教の修道生活でも、清貧、貞潔、従順が強調される。

　神体験とは、理性や意志の働きによるのではなく、何らの原因もないままに、神の慰めを感じ、心的な霊威である愛に浸ることである。それは本人にとって決して疑うことができず、明澄そのものである。神は無限大の球体であり、いたるところに中心を持っている。つまり無限にある事物の中心を包摂し、なおかつそれぞれの中心よりももっと中心にある、内在しておられるのである。だから神は、万物に対して超越しておられるということになる。一方信者においては、そのように自らの中心が神に包摂されて、その意味で神と合一することが究極の宗教体験であると説かれる。

　以上が深層心理学を駆使しての、宗教体験の分析の骨子である。この論考においては、念頭にあるのは、キリスト教と禅仏教である。しかしイスラームにおいても、極めて酷似した点が指摘される。第一に絶対主アッラーは、人に近いことである。


「アッラーは、人とその心の間に入ることを知りなさい。」（八：二四）

「われら（アッラー）は頸静脈よりも、その人に近いのです。」（五〇：一六）

ただし絶対主との合一という点に関しては、より慎重でなければならない。というのは、それはいわゆるイスラームの神秘主義においてはしきりに修行の目標として解かれる問題であるからだ。神秘主義は独特の修行により陶酔状態に入るものとして中世以来大いに隆盛を極めた。しかし原初のイスラームにおいては見られなかった風習として、原典を重視する立場からは、正道から逸脱したものという刻印が押されているのである。アッラーの愛に包まれるという表現はそのまま妥当しているとしても、それは合一とは見なされないのである。[31]

前述したエジプトのイスラーム思想家アフマド・アミーンの『自伝』には、次のような神体験の記述が出てくる。それは、子供ながら神の愛に包まれる様子を描いているともいえると思われる。それは合一ではなく、包摂と言えよう。

「余りに神への思いがつのり、夢にまで見たことがあった。それは光のかたちで現れ、部屋一杯に広がり、「全能を示すため何かして欲しいことを言ってごらん」と宣《のたま》わった。そこで私は、鉄の切片からナイフを、木の切片から窓を作って下さいと言ったら、そのようにして下さった。私はこの夢を家族に話したら、皆は大いに喜んでくれたので、私の神に対する愛は深まった。[32]」

＊身心変容技法の研究より

次は、信仰が身心に及ぼす影響や効果を科学的に研究するアプローチである。[33]

①念仏唱和、祈り、クルアーン読誦

主要テーマである禅における瞑想の問題に入る前に、手短かに浄土教の念仏唱和などの心身への効果という側面についての研究を見ておきたい。比較的それが扱われるのは珍しいと思われるからである。[34]

浄土宗の開祖法然は、自分の死後、決して遺跡を建てるなと弟子に言ったのは、南無阿弥陀仏の口称こそが、彼岸と此岸をつなぐ鍵であると直観していたからだという。「声はこれ念なり、念は即ちこれ声なり」として、口から出される声において、既に信が実現しているとする。かれは一日数万遍の念仏を唱えることによって、浄土の光景を一三の段階に分けて、幻視体験を持つことを説いていた。それは、信仰が確立すれば一回の念仏でもよいとする弟子の親鸞とは、大きく立場を異にしていた。

比叡山では、一日中念仏しながら五体投地の礼拝をして、天井から吊り下げられた白い布に仏の姿を見ないと山籠もりの行に入れないとされている。意識集中的な念仏によってやはり幻視体験を持つということである。

平安時代の空也と一遍上人においては、さらに踊り念仏で舞踏の要素を加えていた。単純な身体運動を反復することで、意識の変容を迫るという点は、声明念仏も踊《おどり》念仏も共通している。禅でも呼吸を整えて、通常よりは回数を激減させて、深い呼吸の反復を心がけることになっている。発声も同様で、念仏が集中的に反復されるうちに、超高周波音が発生し、その微細な振動が脳に及ぶことで、脳内物質の分泌やアルファ波効果の促進に役立つことは解明されている。そうすることで精神の安定と、自らの否定的な側面の記憶消去に役立つという(日本の仏僧の健康調査もどこかにあるのかも知れないが、著者(水谷)の知るところ、かれらは長寿でしかも最後まで元気な例は極めて多いと言える実感がある)。

森林浴の効果は、そこで発生している超高周波が原因しているとされる。「ハイパーソニック・エフェクト」と呼ばれる。それは、人間の可聴域上限を超える超高周波成分を豊かに含み、高度に複雑に変化する音が基幹能を活性化する現象に基づく複合的な身心賦活反応である。

脳血流の増大、アルファ波の増強、免疫活性の上昇、ストレス性ホルモンの減少などをもたらすという調査結果も報告された。このハイパーソニック・サウンドは人類の遺伝子が進化的に形成された熱帯雨林の環境音や、東南アジアの民族音楽に見出されている。またそのような音波は、耳で聴き分けるのではなく、体の表面でも聴取していて、それは内臓疾患に効果があるという報告もある。

僧侶の声明《しょうみょう》（節をつけた仏教音楽）も同様な効果があるのであろう。その発声法も喉から出すのではなく、腹部から出すようにすると体に共鳴することで、健康法にもなるのである。ほぼ同様な効果は、修道院の賛美歌にも予想されるところである。

音は耳や脳を通り過ぎるだけのエネルギーではなく、神経系統にも影響をもたらし、細胞内部にも入り込むことで分子構造の並びにも変化をもたらすという説もある。将来的には音と意識変容体験や医療効果の関係について、科学分析が進められる可能性は大きい。それはひいては、宗教と科学の距離を小さくすることにもなるのであろう。

ちなみに祈りを上げることからも、免疫力活性の上昇が報告されている。人が祈ると特定の遺伝子を活性化させる、その遺伝子はウイルスの増殖を抑え感染した細胞を除去するので、修行僧たちは祈りや瞑想によって自然免疫系が全体に活性化されているというのである。さらには、修行によってある心理状態が作られるが、喜怒哀楽の「心」よりも深い、「魂」と呼ばれるものがこのメカニズムに関わっているかもしれないとされ

る。つまり分析のメスはやがて、「魂」にも分け入るということになっているのだ。(35)

最後に言及しておきたいのは、イスラームでのクルアーン読誦方法である。それは速さやつなぎ方により何種類かあるが、歴史的に細かく教授法が定められている。英語やアラビア語のネットで見れば、瞬時に検索可能である。舌の動きや特定の音声の発声方法が教科書で示めされ、また学校や塾で訓練されている。音声はある程度天賦《てんぷ》のものではあるが、音のつなぎ方や伸ばし方など、リズムとメロディーが主要な決め手となる。地域別というわけではないが、結果的にサウジ風、モロッコ風などなどといった調子である。また同じサウジアラビアでも、五〇〇キロほど離れたマッカとマディーナの好みは異なる。

美しい読誦はアッラーの言葉を読む以上は義務でもあり、報奨のあり得る善行でもある。それを聞くときの格別の厳かで平穏な時間の流れは、他では得られない。こういった事柄の効果に関する科学的な分析は見たことはないが、間違いなく読経と同様の作用を及ぼしているに違いないと思われるのである。

②瞑想の身心変容技法

それでは禅など瞑想の身心変容に関わる科学的研究に移ることとしたい。ただしもちろん瞑想に関しては、科学的よりは主観的な体験を中心にしたアプローチもあるが、ここでは宗教と科学の関係が主題であるので、後者に触れることはない(36)。

一九七〇年代より、精神世界、気、気功、あるいはその後は臨死体験など、主要なテーマを変えつつ、こころの問題が注目されてきた。それはもちろん、日本だけの課題ではなく、世界的な潮流でもあった。ベトナム戦争や多発するテロ活動などに影響された側面も少なくない。中でも近年に至り、禅、ヨーガの関連や、アップル社の故スティーブ・ジョブズ氏らの著名人が日常生活に取り入れて衆目を集めたのが、瞑想であった。

身心変容の研究とは、知は脳の機能だけではなく身体的な側面もあるという着想から「身体知」を攻究するということだが、その研究はまだ緒に着いたという段階であり、全体を総合するほどの進展は見せていない。しかしそれだけに最前線の研究分野と言えよう。他方、実際の研究としては、脳科学の手法に相当傾斜しているのが現状と言って差し支えないようである(37)。

脳科学の分野では、脳波測定や磁気共鳴機能画像法（ｆＭＲＩ、ＭＲＩ装置を使って無害に脳活動を調べる方法）などの解析方法が急速に進歩し、瞑想が脳にもたらす効果を科学的に分析できるようになってきた。その一つの焦点は、「可塑性《かそせい》」の問題で、訓練の結果として神経などに元通りにならないような効果を及ぼしているという研究結果である。長い歴史の中で人間が作り上げてきた脳トレーニングの手法が瞑想だとすれば、その仕組みや効果を明らかにするために科学がようやく追いついてきたとも言えるだろう。

遡れば、瞑想に関する最初の科学的研究に、チベット仏教の修行者の脳活動の分析がある。ただし一口にチベット仏教とはいっても、その瞑想には少なくとも二〇種類くらいあるとされる。修行者の脳波を解析したところ、ガンマ波と呼ばれる認知活動に関わる脳波の活動量が、瞑想修行に費やした時間の長さに比例して増加していることが分かってきた。これは集中力の増加に関係していると考えられている。従来、日本の禅の瞑想などでは、アルファ波が重要視されていたので、大変に異なる結果が得られたということになる。

その後の研究で、一般論として修行者の脳は形体にも変化が起きていたことが分かった。思考や創造性を担う前頭前野の皮質が厚くなる構造変化が見られた。また、脳の部位間のつながり（ネットワーク）にも変化が見られた。修行者の脳では、恐怖感や不安、喜びといった感情の働きに関わる扁桃体と、前頭前野の結びつきが強くなる機能結合も確認されている。この結果、感情を制御する能力が高まっていると考えられるのである。

研究対象となったチベット仏教の修行者は、一日八時間、三年から一五年かけて、一万時間から五万時間の瞑想を行っている。こうして彼らは徹底的な瞑想によって、自らの脳の活動の仕方を変化させているということになる。この研究データが明らかにしたのは、脳にはその活動によって神経細胞間の結合が変化する「可塑性」と呼ばれる現象が認められ、瞑想によってそれを促進できる可能性があるということであった。

具体例を一つ挙げると、慈悲の瞑想（抜苦与楽、心の浄化、慈悲喜捨の三種がある）と称される訓練を経ると、左右脳のガンマ波帯域における同期活動が起こり、共鳴するようになっていると報告された。そして前頭前野の左側が活性化するので、積極性や喜びの感情が増幅するという。

欧米でも広く実践されたマインドフルネス瞑想は、呼吸から始まって、身体感覚と心を観察し、どんな感覚、感情、思考が生じてくるか、自覚するものである。一〇年以上にわたってマインドフルネス瞑想を実践してきた人たちの脳には、明らかな形状の変化（右前頭皮質が大きくなるなど）が観察された。あるいはブロードマンの九番、一〇番と呼ばれる脳の部位の体積が大きくなっていた。それは感情や暴力的な反応をコントロールするので、その実用的な効用も期待される。また当初考えられていたよりははるかに短期間で効果が出るので、マインドフルネス瞑想はリーダーシップ育成やケア従事者養成などの教育にも取り入れられてきた。

瞑想にはストレス軽減、痛みの緩和などや、精神医療の分野、例えばうつ病の再発率を下げる効果などもあると言われる。この現象についても脳科学の知見から説明することができる。うつ病の治療の一つに、磁気刺激や直流電気刺激を用いて直接的に脳に刺激を与える治療法が最近開発されているが、瞑想はこういった最新の治療法と表裏一体で、言ってみれば自分自身の力で脳を刺激し、ゆっくりと脳を変化させていく作業だと言えるだろう。われわれの脳には変わる力があり、瞑想はそれを無理のない方法で促すのである。

また瞑想はアメリカでは、自閉症の分野でも特に注目されており、投薬では改善しきれなかった患者の治療に瞑想が導入されるケースが増えている。投薬にかかる経済負担を軽減できるというメリットもある。また、少年院や刑務所では、懲罰に代えて瞑想を取り入れ、問題行動の抑制に効果をあげているとの報告もある。

瞑想を巡って今後の課題としては、脳活動の測定、トレーニング効果の測定、禅、密教、神道行法、気功などの技法比較といったことが挙げられる。また脳科学としては、脳神経伝達物質の解析が挙げられる。従来言及されるのは、快楽と関係するドーパミン、ストレスと関係するノルアドレナリン、それら両者を抑制するセロトニンであるが、セロトニンは新たな焦点となっているようだ。

以上、瞑想を巡る身心変容の視点からの研究の動向を見たが、それは信仰を前提としたところから出発していることは間違いない。事実、研究の初めは瞑想の効用やその応用から出発していた。しかし現状は、その最前線は脳科学による神経伝達機能の研究というのが実際のところと見られる。それは信仰行為の結果ではあっても、いずれは人の脳機能がすべて体外でも可能となるような機械が導入される段階になると、人間の信仰行為とのせめぎ合いが始まるのだろうか。

宗教においては、人が触れることができない部分、触ってはならない部分、いわゆる「聖域」があるとする立場の宗教学者たちもいる。一昔前になるが著名なところでは、ウィリアム・ジェームズ（一九一〇年没）やミルチャ・エリアーデ（一九八六年没）らである。科学的研究は、いずれの日か、こういった「聖域」も解明するということになるのであろうか。[38]

・人工知能のシンギュラリティ（技術的特異点）問題

脳科学や進化諸学が宗教を追い詰めるような勢いである一方、宗教信仰を前提としたものが身心変容の研究であった。ここではそれらと異なり、宗教を代行する可能性もあるかとされる人工知能の問題を取り上げたい。人工知能（ＡＩ）が本当に人の知能を越えるというのが、シンギュラリティ（技術的特異点）仮説問題である。[39]

ＡＩに至るコンピューターの発達は、一九五〇年代以降の計算・論理機能、次いではそれを組み合わせて特定の情報処理を可能にした八〇年代以降の知識機能（弁護士が不要になると言われたような法務処理など）、そして九〇年代以降は、より高度化された統計機能（自動翻訳など）へと進んできた。そして近時の発達は、さらに次の段階に至っているとされるのである。それがいわば全能的なＡＩということになる。

それはコンピューターのさらなる発達により可能となりつつある分野である。二〇一〇年以降は、深層学習と言われる機能をコンピューターに持たせることで、人の記憶や処理能力以上の力を発揮できるようになってきた。だから将棋でも、プロに勝つことがあるというわけである。しかしそれでも一般には、ＡＩには意味（猫であるという画像認識はできても、それが持つペットとしての役割や、『吾輩は猫である』といった文化的な意味合い）を読み込む能力はないし、また周囲の環境や作業枠組みの変化には対応できないという限界がある。基本的にはいくら高度になっても機械であり、それは他律的であり、人間に代わりうるものではないからである。

ところがそれにもかかわらず、一層のＡＩ研究を進める勢いは弱まる気配はない。一つには経済的な利益追求の視点である。人件費を省き、製品の競争力向上に役立てようとする一派である。さらに別の一派は、日本ではなく海外に多いようだが、それは超知性体を創出させようという情念に駆られている人たちである。そこには科学万能主義的な、そして「一神教的」な側面が観取されるという。この流れから、二〇四五年頃には、人の知性を越えるというシンギュラリティ論が提起されることとなったのであった。

いずれにしてもＡＩの進歩は既定の軌道と見なされる。そこに潜んでいる諸問題も懸念されている。一つには、高度な能力に反比例するように、関係者が複雑多様に絡み合っているので、不具合が生じたときなどの責任の所在が確定しにくいということである。責任の所在が不確定になったとはいっても、ＡＩを有罪にして刑務所で服役させるわけにもいかないのである。またあまりに頭能中心主義で科学万能主義のあり方も、懸念材料である。第一に人間のすべてが、脳の作用一つに支配されているわけではない。一つの断面で人間のあり方を切り捨てるのは困難であるのみならず、真の幸福をもたらすものではないという基本問題を惹起することとなる。

ＡＩが完全に人知を超えることはないにしても、それは結局程度問題であるとすれば、いずれは倫理道徳、そして宗教信仰の分野をも浸食し始めることは十分想定される。道徳的判断や信仰上の語りをＡＩとする、あるいは場合によってはＡＩが代行してくれるということである。ただしどこまで行ってもＡＩは機械であり、他律的なシステムであるという原点は変わりようもない。そういった前提の上での、せめぎ合いといった情景は想定されるし、それだけ人間の方の修練も怠れないということなのであろう。碁や将棋で負けないように練習する道具にはなるということである。

【註】

(9) 科学と宗教の関係については、対話の促進を含めて多大な労力が払われてきていることは、論を待たない。例えば、一九八七年、教皇ヨハネ・パウロ二世が提唱して開催された「神と自然に関するわれわれの知識」と称する国際会議などが挙げられる。会議後の論文集において、同教皇は「神学は擬似科学を名乗らないし、科学は無意識の神学とはならない」ことを旨として、建設的な関係のための対話を呼び掛けたとされる。

(10) 河合隼雄「宗教と科学の対話」、『宗教と科学の接点』岩波書店、二〇〇一年。岩波現代文庫。一九九一―二一七頁所収。『講座』第一巻『宗教と科学の対話』、「序論　対話の条件」一～二四頁。

(11) 小田稔「実証主義とその限界」、『講座』第四巻『宗教と自然科学』、一九九二年。二五三―二七三頁。なおカオスに関する詳しい説明は以下の論文にある。一つは完全に数式で示されている。山口昌哉「フラクタルとカオス」、『講座』第九巻『新しいコスモロジー』、一九九三年。一四一―一四九頁。もう一つは、物理学の立場からのものである。富田和久「カオスの意義」、『講座』別巻一『「宗教と科学」基礎文献　日本篇』、一九九三年。二四五―二七九頁。一般に無秩序を扱う曖昧科学と呼ばれるものとしては、ファジィ理論、非線形解析、フラクタル幾何学、散逸構造論などが登場してきた。

(12) ジャン・ギドン、グリシュカ／イゴール・ボグダノフ「神と宗教」『講座』別巻二、六三―

八八頁。

(13) 信と知の区別として、著者水谷と異口同音のものは、村上陽一郎『科学・哲学・信仰』第三文明社、一九九七年。科学史家である著者村上は、科学においても信じるという側面の多いことを詳述している。さらには、「信仰とは、何らかの根拠づけによって、持ったり持たなかったりするものではない。むしろそれはすべてのことがらの根拠付けにはなり得てもそれ自体としては何らの根拠付けも必要でないような性格の、人間の営為と言わなければならない。」とする。同書一七七頁。なお、知識は伝達可能なものとして記号化まで進んできたが、それは集団のものである。一方、信仰は自分の運命も扱う極めて個別化されたものであるところが主たる相違点だとする視点もある。佐藤敏郎「進歩の観念と宗教」、『講座』第五巻、八九―一〇八頁。

(14) 井筒俊彦「本質直観―イスラーム哲学断章」、『意識と本質―精神的東洋を索めて』、岩波文庫、一九九一年。三一九―三五一頁。ただしここでの「本質直観」論はシーア派哲学者たちの純哲学的な議論であるが、純粋な本質は直観によってのみ把握される、そして直観は本質を極めるための夾物排除の純化(タジュリード)の過程と位置づけられる。

(15) ローレンのニコラス・ハーマン(通称ブラザー・ローレンス)『神の御前の行い』ワン・ワールド出版、ロンドン、一九九九年。(英語)

(16) ウィリアム・ジェイムズ『宗教的経験の諸相』岩波文庫、上下二巻、一九八二年。第八刷原著の出版は、一九〇一～一九〇二年。

(17) 中野環堂『観音の霊験』有光社、昭和一五年。『観音全集』全八巻の第三巻。

(18)『現代イスラームの徒然草』拙訳、編著、国書刊行会、二〇二〇年。八二頁。

(19) 荘厳さと安寧の気持ちが信仰に求められる究極の真髄であるとする部分に関しては、拙著『信仰は訴える―次世代への継承』国書刊行会、二〇二二年。第一章「信仰解放の訴え」第一節「科学、芸術、そして信仰」参照。

(20) 前掲書『現代イスラームの徒然草』一三八―一三九頁。

(21) 同掲書、八二頁。ただし末尾部分を改訳。

(22) 西田幾太郎『善の研究』岩波書店、ワイド版、一九九一年。七頁。同書の初版刊行は、明治四四年である。

(23) 中村雄二郎「科学の体系と宗教」、『講座』第三巻『宗教と自然科学』、一九九二年。三四頁。

(24) 拙訳、杉本恭一郎訳補完、『クルアーン―やさしい和訳』国書刊行会、二〇二一年。第五版。本書のクルアーンの文言は、全て右拙訳から引用した。

(25) 拙著『イスラームの天国』国書刊行会、二〇一〇年。三一頁。脚注七。「「天国にあってこの世にもあるのは名前だけ」（イブン・アッバースからの伝承）と言われる。言葉の意味内容は異なっているということ。」

(26) 佐藤勝彦「現代物理学の宇宙観」、『講座』第九巻、五九―八五頁所収。出版年は、一九九三

年であり、事態の進展は早いので、最新の情報は宇宙科学研究所の論文などを見ることとなる。https://www.isas.jaxa.jp/feature/forefront/220428.html　二〇二二年一一月二二日検索。

(27) 本項は主として次の文献に依拠した。特記して謝意を表する。中野毅「宗教の起源・再考―近年の進化生物学と脳科学の成果から」、『現代宗教2014』現代宗教研究所。二五一―二八五頁。他にも、井上順考編『二一世紀の宗教研究　脳科学・進化生物学と宗教学の接点』平凡社、二〇一四年、など。

(28) 井上順考「宗教社会学・宗教心理学から認知宗教学への連続」、『ラーク便り』、国際宗教研究所、二〇二二年。第九五号、四九―七一頁。

(29) 二一世紀に入ってさらに発達を見たのは、脳の神経活動を情報として取り出して、それを機械と直接接続する技術である。サイボーグの誕生であるが、将来的には機械の神が生まれるのであろうか。永沢哲『瞑想する脳科学』講談社、二〇一一年。

(30) 門脇佳吉「宗教体験と深層心理学」、『講座』別巻一『「宗教と科学」基礎文献　日本篇』、一九九三年。一一一―一二七頁。他に、河合隼雄「深層心理学の潮流」、『理想』、理想社、一九八五年。

(31) 井筒俊彦『イスラーム哲学の原像』岩波書店、一九八〇年。同書で「イスラーム哲学」と呼ばれているのは、すべてイスラームにおける神秘主義哲学である。

(32) 拙訳『アフマド・アミーン自伝』、第三書館、一九九〇年。四三頁。

(33)『身心変容技法シリーズ』、鎌田東二編、全三巻。第一巻『身心変容の科学〜瞑想の科学　マインドフルネスの脳科学から、共鳴する身体知まで、瞑想を科学する試み』)、サンガ、二〇一七年。第二巻『身心変容の技〜技法と伝承　身体と心の常態を変容させる技法と伝承の諸相』サンガ、二〇一八。第三巻『心身変容と医療・表現〜近代と伝統』日本能率協会マネージメント、二〇二一年。以下では、『技法シリーズ』と略して記す。

(34)町田宗鳳「声の力と意識変容体験」、『技法シリーズ』第三巻、三四〇—三四九頁。

(35)村上和雄「祈りは遺伝子を「活性化」する」、産経新聞、二〇一一六年一月一一日付、「正論」。

(36)葛西賢太『現代瞑想論』、春秋社、二〇一〇年。

(37)『技法シリーズ』第一巻『身心変容の科学〜瞑想の科学　マインドフルネスの脳科学から、共鳴する身体知まで、瞑想を科学する試み』には、多数の論文が掲載されている。鎌田東二「序文」には、その全体の流れや論点紹介がある。

(38)ミルチャ・エリアーデ『太陽と天空神—宗教学概論1』、エリアーデ著作集、せりか書房、一九七四年。前掲書、ウィリアム・ジェームズ『宗教的経験の諸相』。

(39)西垣通・島薗進（聞き手）「人工知能と宗教—『AI原論』から見えてくるもの—」、『現代宗教2019』、四五—六一頁。

三、瀬戸際に立つ信と知

理解するのは知の働きで、理解したと思うのは信の働きであると区別できるだろう。このように、人は信（信念、信条、信仰）と知（知識、知恵、知能）の二大基盤の上に成立しているとすれば、それらの両側面とも、この二一世紀の現代では瀬戸際に立っているのである。それは容易でない事態である。もっと感覚的に表現すれば、断崖の絶壁に立たされているのである。

もちろん人心を不要に騒がせないためには、そのような警告じみた言説は慎重でなければならない。ただ問題が深刻であればあるほど、慎重でありながらも、結局問題の先送りとなるのであれば、いずれ真剣勝負を避けることはできないと覚悟を決めるしかない。要するに、一方には合理性信奉の揺らぎがあり、他方には歴史的に信念や信条の根幹をなしてきた宗教信仰への抜本的な不信感と拒否感が露わになっているのである。

ア．揺らぐ知的体系―物理学以外の挑戦

人生の諸事を合理的に進めて、対人関係は誠実に努めていれば自ずと道は開けてくるし、それが最善と考えるような人生観が現代では圧倒的であると言っても、大きな間違いはないだろう。これを合理性信奉と呼ぶならば、この信条が揺らいでいるということになる。その観念は同時に、小さく弱いものよりも大きく強いものがいいといった感覚に支えられている。それに向かって進むことが、進歩だとも捉えられるのである。

このような近代知の底流である進歩感覚に支えられた合理性に対する疑念は、容易には口外されない。それは不要に不安感を煽らないという配慮であるとともに、火中の栗は手で拾いたくないという保身の結果でもある。しかし疑念がそれで消去されないとすれば、いずれは正面から向かい合わなければならない日が来る。遅いか早いかであり、事態の内実は変わらない。

この疑念の根本は、本書ですでに述べてきたことから判明するはずであるが、それは科学の基本である実験と実証に関する信頼が揺らいでいるという問題である。その焦点になるのは、カオス理論であるとすでに前章第一節の末尾で言及した。それを復習すると、方程式は同一でも、初期値に敏感な場合は、複雑で予測不可能なカオス的な結論があり得るという見解である。完全に、ということは無限に同一の値を想定するとしても、無限の値を入力でき

る計算機はないということである。一九四〇年、米国で完成後四カ月の橋が崩落する事故があった。風速六〇米／秒に耐える設計であったが、それが風速一四米／秒で崩壊したのは、風と橋の共振とわずかな風の流れが橋のねじれ振動をさらに大きくしたためであった。天気予報は難しく、地震の予知は断念されることになったことは、周知である。

このように科学者の自信を「ぐらつかせ」、科学自身が自分の墓穴を掘っている事態は既に見たとして、本節で取り上げるのは、自然科学以外の世界の主要な思潮である。もちろん大小様々に枚挙することはできるだろうが、今は大規模な世界的な三つの主要因に限定して振り返ってみたい。それらはいずれも、合理性信奉という建造物の土台を崩してきたのであった。

ただそういった諸要因をいきなり一覧する前に見ておきたいのは、いわゆる知的な巨人と称されるような人たちである。そういった人々は、押しなべて従来の知的境界線を放棄、ないしは破壊して、越境行為を自らの天命と言わんばかりに精力的に仕事をしてきた人たちである。かれらは既存の知的体系を自分から揺るがせにして、のびのびと仕事をした人たちであるとも言える。知的体系の破壊や崩壊と言うと、何か悪いイメージが先行するかと思われるので、それは必ずしもそうでもないという証左を初めに見ておこうという趣旨である。

日本でいうと、南方熊楠《みなかたくまぐす》（一九四一年没）がまず挙げられよう。博物学者であり、生物学者としては粘菌の研究で知られている。キノコ、藻類、コケ、シダなどの研究、さらに高等植物や昆虫、小動物の採集も行っていた。そうした調査に基づいて生態学を早くから日本に導入した。一九二九年、昭和天皇に進講した際には、多数の粘菌標品を森永のキャラメル箱に入れて献上したことでも知られている。研究心のあまり、人目を気にしないのである。さらに民俗学研究として『十二支考』、『南方随筆』などがある。フランス語、イタリア語、ドイツ語、ラテン語、英語、スペイン語に長けていたほか、漢文の読解力も高く、古今東西の文献を渉猟した。日本の民俗学の開拓者として知られる柳田國男（一九六二年没）から南方は「日本人の可能性の極限」と称され、既に「知の巨人」との評価も定着している。

この文脈で取り上げたい最近の欧米の知の巨人の一人は、エドガール・モラン（両親はギリシア北部からフランスに移住したユダヤ人で、モラン自身は一九二一年、パリ生まれ）である。その出自からして既に多様な背景を示唆しているが、第二次世界大戦中は対ナチスのレジスタンス運動に身を投じた。またかれは独学を中心に哲学、文学、社会学など幅広い教養を身に付けることとなった。その後大学に教職を得ることはなく、フランス国立科学研究センターの研究員の職に就いた。そこでは教育の義務はなく、モランは自由な雰囲気の中、映画の社会学・人類学研究が初めての成果となった。すでに領域横断性の力量を発揮していた。また主著『方法』（全六巻）は認識問題の問い直しであり、分断された知をいかに統合するかという試みであった。古代ギリシア思想、近代啓蒙思想、ドイツ哲学、唯物論、現象学などから始め、サイバネティクス、情報理論、システム工学を援用し、さらには科学生態学、地球科学、宇宙論などと接続した人類学あるいは人間学を展開する壮大な内容となった。(40)

いずれの知の巨人たちにも見られるのは、破壊は創造の初めということではないだろうか。だから体系が揺らぐことは、必ずしも悪いということを言っているのではない。当面それは当惑と混乱の原因となるとしても、人間が生き続けて努力し続ける限り、何か新たな再生に結びつくのも自然の定めということを示唆しているのである。

ここで直ちに思い起こされるのは、日本が誇る芸術家岡本太郎（一九九六年没）の「芸術は爆発だ」という叫びである。破壊は創造の母ということを喝破《かっぱ》したのであった。

なお以下の世界的な知的体系破壊の主要因は、いずれもすでにあまりに多く語られ、知られたものばかりである。それにもかかわらずここで総攬する意味は、こういった個別の主張が世紀的で世界的な規模において、続々と近代知に疑問を投げかけるという、新たな潮流を形成するのに大きな役割を発揮したという側面に光を当てて、それを確認するためである。それらは既に見た相対性理論、量子論やカオス理論などの物理学以外の挑戦ということにもなる。

・文化人類学的視点

文化人類学が日本で広く知られるようになったのは、せいぜい一九六〇年代以降のことである。それは米国での同学問分野の興隆を背景としていた。また戦後間もなくの日本に流布された、ルイス・ベネディクト（一九四八年没）著『菊と刀』が、欧米の文化の底流には罪の意識があるのに対して、日本のそれは恥観念であると分析したことがあまりに評判となったことも、文化人類学が速やかに受け入れられる素地となったのであろう。

様々な文化の蓄積、比較、そして最終的には相互理解を図ろうとするのが、文化人類学である。都市人類学、医療人類学、象徴人類学、そして認識人類学や映像人類学など、多岐に分かれることとなった。それは何を文化と捉えるかによって、そこに新たな文化人類学が成立しうるのだから、当然の結果ではある。著者が大学に入った一九六〇年代末頃はまさしくこの学問分野がさっそうと登場した時代であったことが、はっきりと記憶に残っている。

地域的にはアジア、アフリカ、中南米、豪州、そして中東にも食指が伸びている。日本国内の文化人類学的研究も進められるのは当然である。それらはすべて、遺伝学や考古学、あるいは通信・情報学といった関連諸学と連携して進められるので、内容の充実は加速化されて飛躍的なものがある。

一般的な文化人類学の描写は以上で十分として、ここで目を向けたいのはこの学問分野の成果は、進歩観念に根差した合理主義の知的感覚に、相当土台から揺さぶりをかけてきたという裏面の事実である。つまりそれは研究分析の直接的な目的には掲げられないのが通常であるが、結果としてそのような裏面の影響があるということを述べたいのである。

分かりやすい話が、アフリカのとある民族の葬送儀礼を整理して、そこに働く人間としての弔うという習俗や意識を取り出して、それが日本などと比較しても同質の人間的社会的機能を果たしていると説明されたとしよう。それはなるほど新たな知識であり、貴重なものであるし、日本文化との比較という意味で、新たな視点を提供するものでもあるだろう。またさらにそれは、他の諸大陸における弔意表明の心理や習慣との類似性などを学ぶこともできるかもしれない。これらはすべて、いわば積極的な側面である。

消極的と言える側面は、それらとの比較によって、それまでは日本は随分と異なった状況にあると特段の根拠もなしに思っていたことが、ものの見事にひっくり返されてしまうということである。常識的な感覚に、ちゃぶ台返しの現象が起こることである。なぜならば、日本は多くのアフリカ諸国よりも文化的には前を行っているということを、勝手に前提として頭に描いているからである。その前提が打ち破られるということになるのである。

もちろん間違った前提であれば、それは否定され拒否されるのが、正しいということなので、それは積極的な動きと言うべきだろう。ところがここで取り上げているポイントは、どちらが正しいかどうかという問題ではないことは繰り返しになるので、これで留め置くこととする。つまりわれわれの取り上げている事柄は、進歩主義で合理主義的な頭には、このような比較分析の結果はびっくり仰天の驚きとしてまずは受け止められるということなのである。それをもって、合理主義の価値感覚は大いに疑念を抱かされる、つまり冒頭に述べた「知的体系破壊の主要因」という効果が生まれるのである。

改めて確認するが、そのような疑念が生じて揺らぐことが、悪いとか良いといった価値判断が問題なのではない。要は、揺らぎ現象が大規模に生じているという事態を浮き彫りにしているということである。何をもってわれわれの社会、さらには個人の羅針盤として、方針とすべきかが問われる時代に入っているのである。自らの在り方とその将来への道のりに関して、既に始まっており進行中と見られる自信喪失の勢いを増幅させるのである。

マレー半島に住むスムライ族の生業《せいぎょう》や習俗を調べ上げて、そこには独自の知的体系があると示されれば、それは実態調査に基づくものである以上、誰も否定はできない(41)。しかしそういった文化の諸要素は、比較されて日本が自らを見直す素材にもなり得るのではないかという調子で提示されると、やはり度肝を抜かれるのである。また研究者によっては、オーストラリアの原住民であるアポリジニや、縮小するブラジルの未開のインディオの研究に従事する人たちもいる。

こういった異文化の研究と紹介の手法を巡っては、文化人類学上の文化相対主義及び構造主義という二つの考え方に注目したい。

初めは、文化相対主義である。それは主として、ドイツ生まれのユダヤ人であったフランツ・ボアズ（一九四二年没）によって推進された。文字通り、文化は自己中心ではなく相対的なものとして位置づけて、評価されるべきだとする立場である。それはフランスを中心とした普遍主義的な立場に対抗するという背景があった。ボアズはアメリカに移住してユダヤ人への差別感も軽減されて、その中で大いに自らの見解の確立に励むことができた。

彼はアメリカ・インディアンの研究にも着手したが、その主張はもちろん世界に広がる多様な文化をより平等に捉えるという見地を進めることに貢献した。しかし他方で、人権など万国共通の課題もあり、そこに普遍主義の立場も否定はできないものであった。いずれにしても、文化相対主義は自己文化中心主義に対抗する点ではグローバルなものであるので、その意味で基礎には、普遍主義を全く否定してはいないというべきなのであろう。[42]

次は、特にレビィ・ストロース（二〇〇九年没）が提唱した構造主義である。かれは言語学が科学の名を主張できる唯一の社会科学であると考えていたが、構造主義を次のように説明した。

第一に、音韻論は意識的言語現象の研究からその無意識的な下部構造の研究へと移行する。［第二に］それはまた項を独立した実体として扱うのを拒絶し、項と項との関係を分析の基礎とする。第三に、それは体系の概念を導入する。……最後に音韻論は一般的法則の発見を目的とする。これらの法則は時には帰納によって発見されるが「時には論理的に演繹され、そのことがそれらに絶対的な性格を与える。[43]」

言い換えると、無意識レベルの構造への関心、諸事項の関係論重視、そして全体的体系と法則を目指すということになる。この視点は、現実世界が多様な現象に溢れてはいるが、それらに振り回されない分析を進めるうえで、貴重な貢献をしたことは間違いない。レヴィ・ストロースは親族関係の研究や神話の研究を手初めに、大変な多筆家として膨大な著作を残した。それに対しては、形式的な整理を過剰に重視して、実践、実際論に欠けているといった批判もある。しかしそれは一手法を示したという貢献を否定するものではないだろう。

いずれにしても構造主義自体は、異文化の間における同一機能を果たす物事を等価値と見なして議論を進める手法である。その事例は、地球の裏側であっても全く関知せず、である。それが進歩観念に導かれた合理主義者には、驚きと戸惑いの原因となる結果については言うまでもないだろう。

それでは文化人類学としては宗教をどのように研究分析し、検討を進めてきているのであろうか。この設問に対しては、あまり大きな成果が見られないという現状かと思われる。つまり、儀礼、風習、器具などの比較研究は見られるとしても、宗教思想や信仰内容といった宗教の本髄に関する分野には、ほとんど研究のメスが入れられていないと見られる。恐らくは後者の分野は、宗教学そのものの領域として扱われ得るからであろう。もちろん思想研究自体にも構造主義的な視点や手法は生かされるのであって、そういった観点からの過激派動向の研究他、信仰刷新の在り方などの考察は従来行われてきた。しかし宗教思想と他分野の思想との連関も視野に入れる―例えば政治思想の過激化など―となると、宗教学からははみ出すので、今度はまた政治学と文化人類学の方に目が向くこととなる。これは今後の課題と言えそうだ。

・ポストモダニズム（脱近代主義）

進歩観念の合理主義者に知的な揺さぶりをかけた次の主要因は、ポストモダニズムと言われる思潮である。これも広く知られたものではあるが、ここではその動向を概観して、それがいかに人心を揺さぶるものであったかを確認したいと思う。

合理主義、啓蒙主義といったことで特徴づけられる一八世紀以降の近代を批判的に見て、それからの脱却を目標に、二〇世紀中葉から後半にかけて興隆してきた思潮である。三世紀近くもたつと自然に、それまでの主義、主張は種々ほころびを見せるということで、それまでの貢献と共に批判、反省すべき諸問題が生じてきたということになる。それは不可避で、いわば歴史的な宿命のようなものであろう。その反省点としては、強大であることを目標として弱小を軽視しがちなこと、それまでは正統派の立場や思想ともてはやされていたとしても、それは結局権力側・体制側のご都合主義の面が否定はできなかったこと、などなどである。

この思潮は自然と広範な内容となり、一つの時代精神とも呼ばれることがあるほどである。例えば、『ポストモダニズムとは何か』という一書の目次を見てみると、そこには次のような分野の論考が掲げられている(44)。

哲学、批評理論・文化理論、政治、フェミニズム、ライフスタイル、科学・テクノロジー、建築、美術、映画、テレビ、文学、音楽、ポピュラー・カルチャーといった具合である。

ポストモダニズムは、懐疑主義的な姿勢や近代主義的イデオロギーの拒絶、あるいは理性主義を批判し、政治的・経済的権力におけるイデオロギーの役割に大きな関心を払うことなどにその特徴が見出される。また従前の主張や価値体系を、政治的・歴史的・文化的脈絡の中での言説、あるいはハイアラーキー（階層的構造）の産物とみなし、偶発的または社会的条件を付した形で把握することが多い。ポストモダニズムが批判する対象としては、道徳、真理、人間性、理性、科学、言語、社会進歩に関する普遍主義的観念などが含まれる。マルクス主義も例外ではない。

その論法の一例を見てみよう。

生活様式の面では、生産よりは消費に傾斜することが挙げられる。かつての工場地帯は、今やテーマパークに作り替えられたというケースである。また特定のファッションの奴隷ではなく、自らが選択する主体として行動する。服装の流行を追うのは、女性に加えて男性のたしなみのようになり、それは美容整形やボディ・ビルディングにも及んでいる。食料品もダイエット上の意識が強く、広告産業の影響はわれわれの生活のすべてに及んでいる。人の外見への意識が強まっていると言える。

宗教、科学の進歩、マルクス主義のような絶対的理論といった大きな物語は虚偽であったとして、もはや説得力は認めない立場でもある。メタ物語といわれる一連の従来の主義、主張は、受け入れられない。大帝国は文明の進歩の象徴というイメージではなく、そのような社会や文化が他よりも優秀だという仮定は拒否されるのである。

生産体制も多国籍企業が横行し、国際的な製造システムは当たり前となり、消費面でも世界のあらゆる食品が短期日でスーパーマーケットに並ぶか、テイクアウトの店で購入可能となった。休暇も近い、安い、短いものではなく、世界を股に掛ける話は珍しくない。時間と空間に関する意識は、まるで別世界のもののようになった。

エリート・カルチャーから、ポピュラー・カルチャーへの移行も指摘される。それは建築物や都市景観に端的に表現された。異なったスタイルや、個性的で、想起させる歴史的脈絡も様々である。そこにはしばしば戯れの精神が溢れている。

以上、実体よりはスタイル重視への転換であり、古い福祉国家から消費主義への変化である。それは古い階級の障壁とエリート文化の解体により、広くは社会参加のより大きな機会を与えるものとして位置づけられる。[45]

更にもう一例を見てみたい。

フェミニズムはどう定義しようが、男女間の既存の力関係を替えることを目指す運動であり思想である。文化的、政治的、経済的など、あらゆる分野を含みうる。中絶に関する法制度、政治経済上の平等の要請、雇用機会均等、性生活上の問題、教育の機会均等などなどが挙げられる。

知の客体ではなく、主体となるとも言える。啓蒙主義的には女性は家父長制の下における存在でしかなく、家長は中流階級白人の、異性愛の男性であるということになる。こうしてフェミニズムは、ポストモダニズムと同様な和音に包まれることとなった。ただしフェミニズム思想にある普遍主義的な側面は、ポストモダニズムのものではないので、この点で両者の不調和を指摘する声もある。またフェミニズムがポストモダニズム思想に取り込まれてしまい、その一例となり、ポストモダニズム自体を支配的な物語、メタ物語ならしめるのではないかという矛盾も指摘される。(46)

このようにポストモダニズムは従来の優先的な価値観の逆を行く格好であり、逆であることに存在意義を見出したようなものである。そこでそれを見聞きして驚かない人はいなくても不思議はないということにある。また当然批判の声も少なくなかった。

ポストモダニズムへの批判としては、無知を助長している、無意味である、分析的・経験的知識に何も寄与していない、などの声が出されている。さらに批判する場合、ニヒリスティック、主観主義的、道徳超越的、断片的、恣意的、敗北主義的、身勝手といった言葉が乱雑に横行する羽目となる。また、産業化、民主主義化といった近代を成立させる条件は、いかなる意味でもなくなっておらず、ポストモダンという時代はまったく到来してはいないとの批判もある。加えてポストモダニストたちは、非西洋文化圏への強い偏見が残っているとも指摘され批判された。あるいは、ポストモダン思想においては、本章第一節で言及した初期値が同一でも同じ結果が得られるとは限らないとするカオス理論など、未だ不確実な科学理論に頼りすぎているという批判も盛んに出されてきている。[47]

このポストモダニズムの思潮はそれ自身でまとまった理論や概念を自立させることができるほどの勢いはなかったと見て差し支えないと言えるだろう。反近代知というところが味噌であり、それが起因となっているからである。しかし対抗軸としての価値というものもある。対抗的な要素故に、社会貢献するということである。ポストモダニズムとその主な要素は、多様な人権運動、中でも従来は注目されることがすくなかったフェミニズムやLGBTQ問題など社会の弱小者の側に立つ社会活動に好材料を提供し、これからも人心を揺るがすことで積極的な効果を発揮してゆくものと見られる。それが「時代の精神」として、ふさわしい役割ということになるのであろう。

・ディコンストラクショニズム（脱構築主義）

多くの人の常識を破ること自体を目指す思想であるディコンストラクション（脱構築）が、人心を騒がせないはずはない。ただしそれが、ポストモダニズムと同様、批判的な姿勢としてそれ自体で何を新たに生み出せるかは、別問題である。いずれにしても本書でこれを取り上げる目的は、この思潮の概要を一覧して、それがどのように人心に波紋を投げかけるものであったかを確認することである。

この思潮を創始した、ジャック・デリダ（二〇〇四年没）はアルジェリア生まれのユダヤ系フランス人である。多くの思想家や作家は自分の著作がどの程度受け入れられるか初めは毎日落ち着かない日々を送るそうだが、デリダの場合はその必要はあまりなかったと言える。一九六七年には哲学、文学など広範な分野にまたがる形で一挙に六冊を刊行して、直ちに独創的な思想家・哲学者としての地歩を固めることになったからだ。かれは当時有力であった構造主義や現象学を乗り越える新たな地平線として、形而上学の脱構築というテーマを打ち出すことに成功したのであった。その後は米国でも活動を展開し、また種々の政治案件にも発言を活発にした。

その思想は哲学のみではなく、文学、建築、演劇など多方面に影響を与えた。脱構築哲学の中軸は、静止的な構造を前提とするプラトン以来の哲学的ドグマに対して、我々自身の哲学の営みそのものが、つねに古い構造を破壊し、新たな構造を生成しているとするものである。一九世紀まで、論理性を重視する英米哲学に対して主観性や社会性を問題にする独仏哲学が拮抗してきたとすれば、脱構築の問題提起に至り、それらの両方面において活発な議論が起こることとなった。

しかし脱構築の思想においては、脱構築という思想そのものもまた、常に脱構築され、常に新たな意味を獲得していくということを含意しており、各発言者やその機会により主張のポイントが異なる。要は、哲学は静的な構築物ではなく、そのすべてが現在進行形のダイナミズムとなるので、そこではこの不定形さを受容することが不可欠となる。つまりそうすること自体が脱構築ということになる。また脱構築という概念は、いうまでもなく前に見たポストモダニズムと強く結びついている。

そこで焦点をデリダ自身にしぼることとしよう。

プラトンはしばしば西欧哲学の教科書においては、その出発点に位置付けられる。デリダは、プラトンにはすべてがあるとして、その読み方を説いた。そこでは構築と脱構築の願望がせめぎ合っており、それ自体、脱構築であるということになる。そしてこのような読み方を、ルソー、カント、ヘーゲル、フッサール、ソシュール、レヴィ・ストロースなどの作品についても実践して見せたのである。つまり特定の言説に反する内容が、それ自らの作品中に指摘されるというのである。それは他者の存在可能性の示唆であるので、脱構築は実は、変則的な肯定であるということにもなる。

またプラトンでは音声言語（パロール）を前面に出しているようではあるが、それは文字言語（エクリチュール）を背後にしまい込んだ結果である、むしろ後者が重要である以上、その読み方は改められなければならないとした。デリダは、隠れた存在を引っ張り出す力のある文字言語を優先して重視しようとしたと言える。外部は内部の内部として見直される。具体的にはプラトンの『パイドロス』という著述を巡る議論であるが、文字言語は人の記憶を維持すると共に、記憶しようとする意欲を奪うという意味で多義性があり、それは言語の決定不可能性の問題としても一般化される。

この言語上の議論は形を変えれば、プラトン以来ヨーロッパで伝統的だった階層的な二項対立の形而上学システムとなった。それは単なる対抗ではなく、優越や階層の対立となるものであった。この側面も脱構築によって批判される。脱構築によってデリダは、二項対立によって回収されえない他者（差延）へのまなざし（哲学）を呼び起こし、さらなる哲学の活性化を目指そうとした。したがってデリダの真意は形而上学の転覆にあるのではなく、むしろ真の意味での形而上学の新たな可能性を開くことにあったと見るべきであろう。

純粋な内部（自己）と見えたものの内部にたえず外部（他者）を持ちこみ、内部（自己）と外部（他者）の差異を「決定不可能」なままに生みだし続けていく、この差異化こそ「差延」である。(48)

デリダはプラトン以降の哲学が、エクリチュールに対するパロールの優越（「音声中心主義」）であったことを批判した。とはいえ、この批判は、エクリチュールのパロールに対する優越を意味するのではない。それでは単なる階層的な二項対立の優劣逆転に過ぎない。パロール対エクリチュールという階層的二項対立は、「原エクリチュール」そのものに先立たれ、それ（原エクリチュール）がこの二項対立をむしろ生み出しているのである。この原エクリチュールの概念は、そのまま存在に対する差延の概念に対応する。原エクリチュールの海のような多様性の中から、存在であるパロールが生まれるのである。それは言語の現象性とその可能性に結びついた暴力であり、意味とロゴスの根源に住む暴力でもあるとする。

ところが、真と偽、善と悪、純粋理性と実践理性などなど、二項対立でこの世界を捉えることは、世界の多くの有識者の間では日常茶飯事であったと言えよう。そこへ不確実性や決定不可能性を強調する思潮が登場したことになる。そこで多大な批判が引き起こされずにはおかれなかった。それはニヒリズムである、無責任だ、危険思想だといった調子である。これはあたかも、ポストモダニズムに対する批判を想起させるものであった。

次いで、哲学や文学批判の世界以外を見てみよう。例えば、法律と正義の関係については、デリダはこのように述べている。

法の起源には無根拠な原暴力があるが、この力の一撃により構築される法は、脱構築可能である。しかし原暴力はそうではない。法はいつもそれとの関係において存在するが、それは法の向かう方向でもある。それが正義と称されている。

正義それ自体―もしそのようなものが現存するのであれば、それは法の外部あるいは法の彼方に現存するであろうが―は、脱構築可能でない。脱構築それ自体も、もしそのようなものが現存するのであれば、脱構築可能ではない。脱構築は正義なのである。(49)

こうして八〇年代の米国では、脱構築の発想に基づく議論が多くの大学の法学部を席巻したのであった。それは法規制の裏に、常に潜む権力行為、すなわち中立性ではなく、政治性を読み込む視覚であった。(50)

建築における脱構築主義についても見てみよう。我々が建築と考えるのは、人が住みやすいところという概念が優先するが、この概念はまさに近代主義の産物である。このとき機能性という合理主義が解体され、同時に行き詰まったモダニズムの閉塞感を打破するために、新しい感覚に依拠した観念が具体的に形として提示され、再構築されるのである。しかし建築の脱構築主義に対する批判には、単なる形態の戯れに過ぎないといったものがある。さらには、

磯崎新はザハ・ハディッド（著者水谷記：東京オリンピックの際、新国立競技場の当初のデ

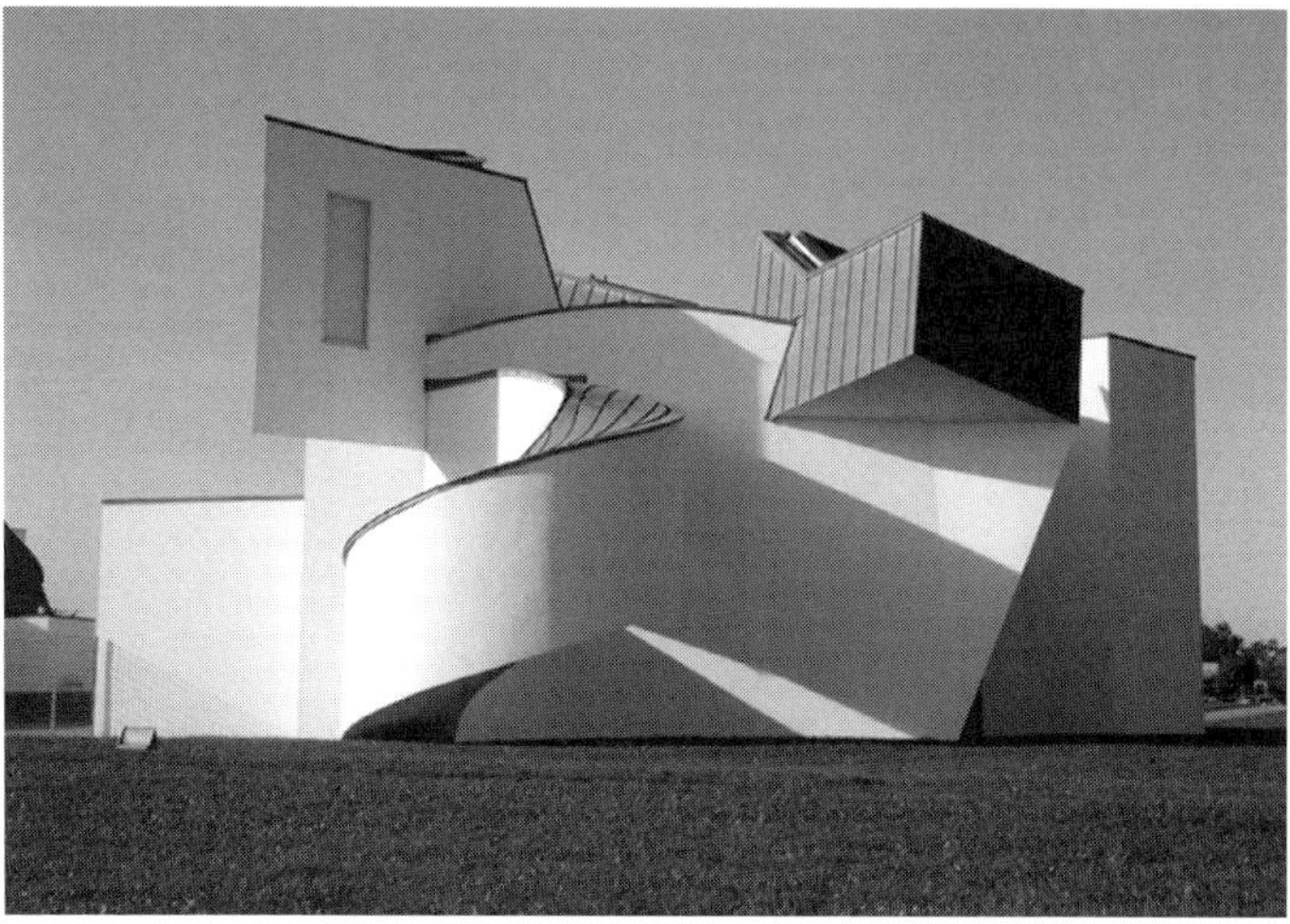

写真１　脱構築の建築物

ザイン案を制作、二〇一六年没）をコンペで発掘するなどこうした建築家の評価に大きく関わってきたが、デザインの目先の斬新さを競うことに対して懐疑的であり、阪神・淡路大震災以降は「破壊された建物を見た衝撃のあとでは、ディコンストラクションというファッションは終わったと言わざるを得ない」と批判している。(51)

このように、広義の意味での脱構築は、ありとあらゆる対象に向けて行われる、固定化された既成の観念の相対化を促す作業であると同時に、それを乗り越えようとする、新たな可能性の提示であると言える。

デリダは足早で哲学は語るべきでないと言

っていたそうだが、ここではその思索内容の全容回顧が趣旨ではないので、許されるだろう。改めて記すが、このような古来の哲学上の伝統をも根底から揺さぶる思想が発信されている状況を、改めてみるのが目的であった。それは世界の知識人の思考を揺さぶったのである。

それにしても、前に知の巨人としてみた、エドガール・モランにしてもそうだが、活発なフランス現代哲学界の活躍には真に目を見張るものがある。それは大いに、フランスの中高等学校における哲学教育重視の効果という面が大きいと思わざるを得ない。その哲学教育は、ナポレオン以来の伝統として引き継がれてきたが、それが自由な批判的思考を養う科目として重視されてきたのであった。それも一九七〇年代になり抑制する教育方針が政府から示された時には、デリダらは強靭な論陣を張って反対したのであった。

イ．揺らぐ宗教信仰―科学以外の挑戦

宗教信仰も揺らぎが目立つ。西欧世界では夙《つと》に自然科学との敵対関係が顕著であり、それについては本書で既に相当取り上げてきた。ここではまだ言及していなかった二側面を、取り上げることとしたい。それが、物質主義の瀰漫《びまん》と宗教界の萎縮傾向という問題である。

・「社会の阿片」となった物質主義

物質主義を改めて紹介し、説明する必要もないだろう。ただ一応振り返ると、それは古代ギリシアにおいても、万物の原子論という見地から主張されたものであった。しかしそれが謳歌されたのは、近代に入ってからである。特に歴史や社会の理解に関しては、科学的社会主義の唯物史観が広い影響を与えた。理念や価値観、意味や感受性などの精神的文化現象が、経済や科学技術など物質的な側面によって規定されるとする。また社会の主な特徴や社会変動の要因は、経済の形態やその変化によって規定されるとするのである。

「宗教は社会の阿片《あへん》だ」と言い放ったのは、史的唯物論の祖であるカール・マルクス（一八八三年没）であった。これは長い歴史を持つ唯物主義思想の行き着くところでもあった。

今の日本でいまさら唯物論や物質主義の説明は必要ないと思われる理由の一つは、驚くことにそれらを主題とした出版物は、古典を除けばほとんど市場に出回っていないということである。この大きな背景としては、一九九〇年代のソビエト連邦を初めとする多数の共産主義諸国の崩壊ということが考えられる。唯物論は最早現実的に見て、支持する母体を失ったということになる。もちろん大国中国はますます健在であるが、しかしますます実態は共産主義からは遠ざかっている。著者が学生だった頃には、『資本論』の研究などは、いわば最先端の花形の学問という扱いであったことが遠い昔ということになった。(52)

それでは物質主義はこの世界、特に日本で蒸発してしまったのであろうか。こう思いを巡らせると、その回答は明確に「否」ということにならざるを得ない。戦後日本は物に徹することで息を吹き返し、命をつないできたという歴史がある。何とか食べられるようにすることが国是であり、なりふり構わぬ生き残り作戦であった。もちろんそれは唯一の選択肢として、仕方なかったというべきだろう。それだけに、十分食べるのに不自由なくなった後も、この強い社会的風潮であり国民的総意は容易には舞台の正面から後退することはなかった。社会の慣性力であろう。それが今日まで引き続き、大きな影を社会全体に落とし続けているということになる。

だから物質主義に関する出版物はなくても、それを肌感覚で人々は知っているのである。同時にそれに代わる強くて大きな思潮が、国民全体を覆うということもなく時間は過ぎ去っているのである。ただしその歪みが、毎年二万~三万にのぼる自殺者を出す結果となり、また相変わらず生きがいといったテーマが好んで取り上げられる世相が顕著という始末である。確固とした信念が持ちにくいのである。その心細さは、教育現場にも押し寄せている。道徳教育をするとは言っても、それを専門とする教師はまだ育っていないし、軸の通った倫理・道徳というよりは、処世術のようになりがちである。

こうして、息の絶えることのない物質主義こそは、宗教にとっての天敵で、天下分け目の関ヶ原の相手ということになった。つまり今では、この「物質主義が社会の阿片になった」

という事態で、マルクスの言ったこととは逆転しているのである。それは社会のあらゆるところが戦線となる、いわば全面戦争である。それに比べれば、本書で取り上げてきた、科学との対決の問題は限定された個別問題であり、遥かに戦線は限られている。それは局地戦争という姿である。

こんな中、物質主義自体の功罪を問い、それへの挑戦をするような精神性豊かな思潮が出てくればまだしも、その試みは随所に見られるにしても、まだ全く微弱であると言って差し支えないだろう。その灯を掲げているとすれ、宗教界だろうか。

元来、キリスト教でも、物質主義は戒められる。

「あなたがたは、神と富とに、兼ね仕えることはできない……何を食べようか、何を飲もうかと、自分の命のことで、思い煩い、何を着ようかと、自分のからだのことで、思い煩うな。命は、食物にまさり、からだは、着物にまさるではないか。」（マタイの福音書六：二四―二五）

仏教でもしばしばである。天台宗の祖最澄（八二二年没）の言葉にある。

「道心の中に衣食《えじき》有り、衣食の中に道心無し」（『伝述一心戒文《でんじゅついっしんかいもん》』）

そしてそもそも釈迦は、現世の虚飾を捨てることから修行の道に着いた。

またイスラームでも、預言者ムハンマド（六三二年没）の時代以来、禁欲は勧奨された。義務行為と禁止行為の間は自由な判断の許される部類であるが、そこでは最大限の節制、すなわち禁欲が篤信の表れとも教えられたのであった。ムハンマドの家の軒には一時しのぎの貧者が集まっていた。しかしそれは物乞いのためではなく、貧を尊ぶ人たちの集まりであり、かれらのいる所に預言者は足を運んで、その篤信振りを称えたという伝承も残されている。また歴代の指導者であるカリフは、わざと自分の着ている服に破れ目を作って、質素さや見すぼらしさを強調するものもいたくらいであった。クルアーンにある。

「あなた方をわれら（アッラー）に近づけるのは、財産でも子供（子沢山《こだくさん》）でもありません。信仰して、善行に勤しむ人には、かれらが行ったことの倍の報奨があり、かれらは安全な天国の高殿に住むのです。」（三四：三七）

ちなみに一九世紀以降、近代文明がイスラーム世界に襲い掛かってきた時代に、思想的に対抗しようとする努力がしきりに払われた。その一つの表れがイスラーム近代化の努力であった。新たな法解釈の試みや教育改革、女性解放運動など多岐に分かれる。この対抗姿勢のもう一つの表現が、精神主義と物質主義の対比という形で、東洋であるイスラーム文明の固有の特質を擁護し、西欧物質文明に対する劣等感を払拭しようとするものであった。

少し長くなるが、物質主義に対抗する考え方のまとめとして、以下に記述しておきたい。

（精神主義について）精神主義に関して言えば、物質だけで世界に生起していることを説明することはできないのである。それは、非物質的なものの存在を語ることでしか説明できないのだ。この物質の裏側の精神的なものについてである。思想や理性の現象は、決して物質的な脳味噌の働きの結果ではない。本当に脳味噌は思考の器具ではあるが、個性や意思の自由を感じる人間の思索が、感触もなく感覚もない物質の結果であるというのは、不可能である。その物質がどれほど高度に発達していても、またどれほど立派なシステムであっても、変わりないのである。

人の行為、存在するものの現象、賢明さと馬鹿々しさ、慣れたことや不慣れなことが起こること、貧富、運命で定められた生死などなど、説明が物質面とその動向に限られるならば、それは決して説得的にはならないのである。そこには精神的なものが不可欠となる。

精神、アッラー、あの世のことなど、精神世界を物質世界の他に信仰することは、精神主義の一番明瞭な特性になっている。この種の見解が東洋では支配的なのである。原因が説明されない直観であるとか、同様に説明されない論理を信じるということである。一方、物質的な流儀では、因果関係や理由と結論、そし前提条件と帰結の関係を信じるのである。

東洋の人は、一般的には勘定に精神世界と物質世界の両面を算入することが多い。善悪を通じて運命を信じ、死後もその以前も計算に入れるのである。もし幸福を求めるならば、それは信仰の側面と自己改革の側面について、外部条件の改革よりもたくさん要望するのである。取引するにも物的な経済的基礎ではなく、そこにはアッラーなどの関係する大きな側面があるという理解に従って、それを構築するのである。慈善行為をするときには、詳細な計算はしないで、自問するのは、物質世界での収穫は何かではなくて、主と自分を喜ばせたかもしれないという思いが喜ばしいのである。道徳的な判断でも現実世界でのそれに限らず、現世と来世の結果を同時に勘案する。それだから、原則は、「カイサル（シーザー）のものはカイサルに、アッラーのものはアッラーに」（返す）ということ、すなわち、どんな行為にも、カイサルのものもあれば、アッラーのものもあるということである。

人によっては精神主義に圧倒されてしまって、その結果として、神秘主義者や崇拝にひきこもり、隠遁生活をする人たちがいる。また隔離礼拝所（ハーン）の制度もできた。これが広く流布していて、またそれが発生したのも、東洋であった。こういう傾向が支配的であることが、東洋を宗教の発生地にしたのであろう。イスラーム、キリスト教、ユダヤ教という三大宗教はすべて東洋発である。そこから西洋に移植されたのであった。

（西洋の物質主義を顧みて）私は西洋に精神主義が、そして東洋に物質主義が全くないと言っているのではない。精神の純粋さや確信の力や精神の天秤で行為を評価することなど、西洋でも東洋の精神主義者を上回る人もいる。同様に、物の評価に没頭し、行為の評価はその物的な評価に終始し、東洋にも西洋の物質主義を上回る人もいる。しかしこの種の判断は、大半の多数を取るのであり、少数の珍しい方を取るものではない。

また私は、西洋に宗教がないとは言わないし、実際それは多数あり、細かな制度もある。豪華な教会であるとか、偉大な寺院であるとか。しかし私の見るところ、西洋の宗教の見方は、一般的には、東洋のそれとは異なっている。この違いの主因は、二つある。一つは、西洋では宗教を社会制度として見がちであること、もう一つは西洋では東洋ほ

どには宗教は何事にも介入するわけではないということである。(53)

このくらいの論調は、アラブ・イスラーム世界では、ほぼ常識論としてごく平静に受け止められている。正面から反論のしようがないからである。その意味で、未だに日本では物質主義の亡霊に取りつかれているという姿とは、真逆であるということになる。(54)

最後にあれほど世相を騒がせた進化論は、イスラーム世界ではさほどの反発は受けずに、いわば軟着陸したのであった。そしてそれが最終的に拒否された論拠は、それが物質主義に基づいているからということであった。この顛末は、西欧と比較して大変に興味深いものがあるので、ここに言及しておきたい。

ダーウィンの進化論は、神の創造説を否定するものとして欧米で強い反発に見舞われてきたし、いまだに真剣にそれを否定する活動家の運動が米国で起こされていると報じられている。米国南部の州には、ノアの方舟を実際の大きさと想像されるサイズに建造してそれを博物館にしているところがあるそうだ。また公立の学校では進化論を教えない州がいくつかあるとのことである。

進化論は中東ではどのように受け止められたのか。結論的に言うと、神の創造説と矛盾するからというのではなく、神や魂の否定になるような物質主義として見られるときに、進化論は拒否され非難されたのだった。[55]

中東における進化論の紹介は、一九世紀後半、エジプトに移民したレバノン・シリア移民の文筆活動によってはじめられた。特に知られているのは、シブリー・シュマイル（一九一七年没）が一九一〇年に出版した、『進化論』（アラビア語の表現では、『成長と向上の理論』）という著作である。彼は大半のシリア移民がそうであったように、ムスリムではなくキリスト教徒であったが、進化論で物質主義思想を喧伝しようとし、結局のところ無神論者というレッテルを貼られた。ただし彼の意図は、オスマン帝国の圧政から逃れるために西欧の科学力を活用できないかと模索したのだとされる。

これに対して、宗教の立場から多くの反論が出されたのは当然であった。稀代の宗教活動家で国際的に知られることとなった論者は、ジャマール・アルディーン・アルアフガーニー（一八九七年没）である。イスラームの復興により、西欧植民地主義と戦うというのが、彼の主要テーマであった。彼自身がダーウィンの著作を読んだわけではなかったが、ともかく進化論を拒否する論陣を声高に張った。第一には、猿から人が生まれたという考えはあまりに奇異で、彼はとても着いて行けなかったということが大きかったようだ。もう一つの主要因は、進化論者たちは西欧寄りだという政治的なものであった。植民地主義者に手を貸しているという非難である。政治的なキャンペーンに熱心であった、アフガーニーらしい視点であった。

ところがイスラームは理性の宗教であるとの立場もあり、科学も同様に理性の産物であるので、そこに進化論批判の弱みがあったといえる。アフガーニー自身も進化論の科学的な立場は認めざるを得なくなり、晩年には進化論を正面から唾棄《だき》することはなくなったとされる。

こうして進化論は、物質主義や無宗教の立場としては拒否されたものの、徐々にそして静かにアラブ世界に浸透し始めたのであった。その領域はひとえに生物学に限らず、政治、経済、さらには文学批判などの分野にも適者生存や弱肉強食など、進化論的な発想と論法がひたひたと忍び寄っていった。また進化論もアッラーの産物の一つであり、それは人に与えられた試練であるといった形で、巷でもイスラームに飲み込まれる現象が見聞きされるようになっていった。

・意気消沈の宗教界

四面楚歌《しめんそか》になったような宗教界ではあるが、それを受けてか、その勢いを失い始めた兆候が世界に広がりつつあると思われる。欧州では立派な教会建築が多数あるが、それらはあたかもガランとした遺跡のような姿になることもある。礼拝に訪れる人が少なくなっているのである。イスラーム諸国ではもう少しましなようだが、それでも熱気のほどは，往時には比べ物にならない。それは科学の正面切った論難にたじたじとなるだけではなく、色々の問題を起こしているとはいっても、相当な繁栄と富をもたらした資本主義経済という物質文明の迫力に逃げ場を失った感がある。

日本の状況はあまり言葉を要しないはずだ。日々その現象に、われわれは取り囲まれている。日頃余り意識されていないとも思われるので、宗教離れの影響とその様子が実感されるいくつかの場面を摘記してみよう。

①自殺者数の多さ

日本の自殺者数は年間二一、〇〇〇人を超えており（厚労省二〇二二年報告）、人口一〇万人当たりでは先進七か諸国中最大となっている。また一〇代から三〇代にかけて第一位の死亡率を示しているのが、自殺である。最近は女性の数が増えており、豊かさの裏面の精神的な病が主因に上げられる。全般的には政府の自殺対策の効果も多少あったが、大規模災害や新型コロナ・ウイルス感染症問題によってさほどの減少は見せていない。早朝の通勤電車が人身事故のために長時間停車させられても、驚く人はもういない。それなのに宗教は何をどうしているのか、どうしようとしているのか。

国際的に見て自殺の少ない地域は、中東、北アフリカ、東南アジアのイスラーム諸国や、中米諸国である。他方、日本では腹切りや特攻隊の歴史があり、義理人情や愛国心の影で、命は軽く見られる傾向があったとも言えるのではないか。

②常に生きがいが大きなテーマになること

生きがいという課題が社会のトップを飾ることが少なくない。それをテーマにした小説なども人気がある。日本特有の、人生は流れる水の如しという感覚からは、主体的な目的意識が希薄となる。ひいてはそれは、国家経営の基本方針も傷つけている。もちろん流れる水という見方が、仏教の刹那感から来ている面があるとしても、生きる指針がしっかり与えられていないのであれば、それはその宗教の一部しか見ていない曲解か、誤解とすべきだろう。仏教全体を踏まえれば、生きることへの意味が見えて来るはずである。

羅針盤がはっきりしなければ、目前の物的利益追求に日々明け暮れている生活スタイルが違和感なく続けられる。そして近視眼的で刹那的なパターンが横行する結果となる。卑下《ひげ》するのではないが、現代はそのような世相であることは否めないだろう。(56)

③人生の最後に近づいても千々《ちぢ》に乱れる心

上記の生きがい問題と表裏一体ではあるが、死の床についてもまだ千々に心が乱れることは珍しくないようで、それは高齢化社会の進展とともにケアや癒し、そして看取《みと》りといった新規需要を喚起している。臨床宗教師という新たな用語と仕事も求められるようになった。平安期以降、阿弥陀如来の迎えを待って、死の病に伏した人は阿弥陀の像や絵画と結ばれている紐を手にして最後を迎えたという。この古来の日本の習慣は最早ほとんど見られないが、彼らの死に臨むときの覚悟は明確であったことであろう。

『死という最後の未来』において、しきりに自らは信仰を持たない立場を明らかにしていた石原慎太郎氏は、同時に熱心に長編の『現代語訳　法華経』を完成させている。彼の心の動きを巡っては、細かな研究が待たれるところである。(57)

④宗教学校での儀礼拒否

キリスト教系の学校や大学においてもミサは捧げられない場合が増えているそうだ。親たちがそれを拒否するためであり、学校経営上もそれを無下《むげ》に扱うことができないでいる。仏教系の大学でも教授陣は社会的な発言に最大警戒していて、萎縮気味である。

イスラームのテロが国際場裏で問題になった時期には、日本社会では欧米と比較するとまだ寛容さが残されていた。しかしそれは、真の寛容性発揮というのではなかったと見るのが穏当である。保身のための客扱いであったと見る方が当たっているだろう。

⑤援助をしても国際場裏で感謝されないこと

最近（二〇二二年四月二五日）ではウクライナ政府発表による支援国リストに日本が入っていないとして注目された。翌日には岸田総理自身がウクライナのゼレンスキー大統領に電話して、追加の支援策を伝えたとされ、数日後にはそのリストに日本も入ることとなった。総理がリスト掲載まで要請したとは報道されていないが、本当のところはどうであったのか。

従来日本の経済支援プロジェクトに全く日本の名前が出てないケースが目立ち、それが問題視された。最近は日本の国名と日章旗を合わせて記載した掲示板をプロジェクト現場で人目に付くように設ける方針となっている。アンコールワット（カンボジア）やボロブドゥール（インドネシア）の史跡などで見た人も多いだろうが、あれはいかにも、という印象で品の良いものではない。

ポイントは日本人の心が伝わっているのかということである。日本の支援の大半は、反応であって固有の意思の表明ではない。物の提供が気持ちも伝えてくれるというお中元を届けるような感覚となり、それは裏から言えば感性も伴った人間的な共鳴度の低さとなる。楽器と同じく共鳴板がないと響かないが、それには精神的な素養と泉が必要となる。

⑥対話が苦手

相手の目を見ないで話をする風習が日本では珍しくないが、国際的には珍しい部類である。これも上記に連動するが、相手に対する気持ちが希薄なのである。それは日本人の説明下手にもつながっており、多くのビジネスチャンスを逃してきている。異質なものとの対話が不得手ということは、相手との共鳴度が低いということであり、思考が自己中心的であることも意味する。それは語学の問題では全くない。海外でも宴会場で黙ってニコニコしているのは日本人と相場が決まっている。

日本も国際化する中で、外国人労働者も増えるが、そのスムーズな受け入れ強化は国運を傾けた新時代の課題であることを考えると、海外での仕事と同様に国内でも相手の目を見て話す習慣とそのための思考様式の涵養は、喫緊の課題ということになる。

⑦道徳観念の弱まりと復興の努力

道徳教育は、戦前は修身と呼ばれる学科であったが、戦後はタブー視さえされる羽目となった。やはり忠臣愛国など、軍国主義のための教育の一端を担ったからであった。また著者が鮮明に記憶していることだが、八〇年代に「烏なぜ鳴くの、烏の勝手でしょ」という替え歌が流行《はや》ったことがあった。個人主義というか、都会の孤独の裏返しのようにも思えた。そしてこれが、戦後の道徳観念の曲がり角のように思えて、心に強い痛みを覚えたことがあった。

しかしようやくそれも限界を超えて、近年は小中学校の公教育に道徳の学科が新設された。(58) 既製の教科書もなく、専任の教師もいない中での再スタートとなった。著者はいくつかの教科書を書店で購入し、あるいは学校の図書館で見てみた。非常に工夫されてはいても、ほとんど社会マナーの部類といえそうだ。基本問題は、道徳の基盤は本来宗教の問題であるということだ。対人関係の道徳は処世術に過ぎず、それではすぐに息が切れる。そしてそれは自殺を拒むような、生き抜くための強い指針を植え付けるものとはならないだろう。(59)

⑧宗教的な称賛がないこと

大変な世の中において、逆に光り輝く行いが伝えられることがある。

二〇一八年、一人の子供が山中で両親と行き離れ、行方不明になった。多数の捜索隊が懸命の作業をしたが見つからない。そこで「スーパーボランティア」と呼ばれることとなる、高齢の奉仕家高畠春尾さんが登場し、ものの見事探し当てたというのである。そのコツは、子供の行動パターンは大体上の方に上りたがるので、捜索隊が下の方にある川に向かったのとは反対の方面を探したということであった。彼は自主的なボランティア活動に専念し、東日本大震災では東北へ、熊本大震災では九州へと全国的に、無報酬で奉仕しまくっているということである。ここではその詳細を問うのが目的ではない。そうではなく、このような刮《かっ》目《もく》すべき業績に関して世の絶賛が寄せられても、宗教界からは特段の言葉が寄せられなかったということである。あるいはどこかにあったにしても、知られていない。こういう時こそ、宗教的な意味合いで称賛の気持ちが表明されてしかるべきであった。

同様なケースは、二〇一九年、アフガニスタンで銃殺された日本人医師の中村哲さんである。このケースについてもここで詳細を述べるのが目的ではない。同地に灌漑《かんがい》、開墾《かいこん》を実施して、多大な評価を得ていたことは当然であった。このような命を懸けての人道活動は、その精神において大いに宗教と相通じるところがある。しかし彼の殉死を巡っては、宗教界の言葉は聞かれなかったと思われる。

この最近の二例のいずれにおいても、宗教界の称賛がないということに関して、一般市民やメディアからは期待外れだという批判がなかったこと自体も残念であるし、それこそが宗教離れしてしまった日本列島の実態を露呈していると見られるのである。

以上は昨今の寸描である。むしろ妥当するような宗教離れのシーンを、われわれは日常茶飯事として目にし、耳にしているのである。それらがあたかも当然のようになり、格別の反応も出てこないし、それで時間が流れているという事態である。それは幾世紀か先の時点から振り返ってみると、戦慄が走ってもおかしくないと言えるレベルである。

このような低空飛行を続ける宗教の状況に対して、宗教界は意気消沈し、萎縮し、場合によっては自粛気味であるということになる。その例として、最近のウクライナ侵攻に関する国内宗教諸団体が発出した一連の声明が全く力を発揮しなかった様《さま》を見てみよう。それは個別の取り組みにより様々な声明が出されても、結局大きな声にならなかった最近の例ということになる。

実に多数の宗教団体から、侵攻や戦争反対の声明が出たことは驚きに値しない。特にロシアの核兵器使用の示唆や、ウクライナ最大のザポリージャ原発の攻撃に対しては、核問題の脈絡からも非難声明が出された。キリスト教系団体は早くに反応し、侵攻開始の二月二四日以降、三月一四日までの間に、二四団体から声明が出された。また仏教系各派も迅速で、さらに新宗教系教団では、大本・人類愛善会、立正佼成会、ありがとうインターナショナルなどが続いた。超宗派的な団体としては、京都宗教者平和協議会、世界宗教者平和会議（WCRP）などであった。ところが三月二五日、東寺真言宗は、振り返ってみると一連の諸声明は全国紙で扱われることもなく、従ってその影響力に問題があるので、自らの声明は出さないで、宗教法人としては祈りを捧げるべきだとした。(60)

こうして宗教団体自身が、宗教界から出される諸声明の影響力のなさをさらけ出す結果となった。右倣《みぎなら》えと言った調子で多方面から、ほぼ同一の文面が機械的に出されても、そのインパクトはおぼつかない。その結果、これ以上は不要との判断が公表されたということになる。まさに意気消沈であろう。

他方、それでは日本国内で社会全体のあるべき姿を求めて、宗教的な立場と発想によって、大きな声で指導力を発揮しようという団体があるのか、どうかという点である。残念ながら、それに該当するような団体は見当たらないのではないだろうか。著者の調べた結果としては、次のような状況である。

・日本宗教連盟―一九四六年に発足した。多宗派、多宗教で、全国規模での連携と協力を旨としている。教派神道連合会、公益財団法人全日本仏教会、日本キリスト教連合会、神社本庁、公益財団法人新日本宗教団体連合会の五団体から理事が出て（さらに学識者から一名）、代表は各団体の一年交代制。現在は浄土宗の理事が代表を務めている。「日宗連」は多数の会合開催、声明発出などを活発に行っている。教育基本法の検討についても、積極的な提言や要望を発出してきた。前身は戦前の、大日本戦時宗教報国会である。

・世界連邦運動―一九四七年、世界的に著名であった人たち（湯川秀樹、バートランド・ラッセル、アインシュタイン、シュバイツァー、チャーチルら）が発足させた運動。世界連邦政府を目指し、その日本委員会は今も約一〇〇名に上る超党派の国会議員により運営されている。また主要な宗教団体の協力も集めている。

・世界宗教者平和会議―一九七〇年に設立されて、国際連合関連のNPOとして登録されている。またそのアジア版で、アジア宗教者平和会議も創設された。日本委員会(委員長は立正佼成会庭野日鑛会長)が超宗派で設立されている。宗教間対話や人道支援の促進を通じて、世界平和を目指す。

・新日本宗教団体連合会―一九五一年設立、三六の団体が加盟している(新宗連のホーム・ページによると同連合会に情報提供のあった加盟団体数のみ)。多宗教であるが、基本は新宗教諸団体が中心の構成である。

・以上の他に、日本宗教者平和会議や世界平和宗教者連合と称する組織も活動しているが、特定の政党(共産党)や宗派(旧統一教会)との結びつきが強い。

・日本会議―一九九七年に設立されて、「美しい日本の再建と誇りある国づくり」を掲げ、政策提言と国民運動を行うとしている。任意団体ながら会員数は四万人程度に上る。これは宗教団体ではないが、役員の四割超が宗教関係者である。神道系では、神社本庁、伊勢神宮、神道政治連盟、明治神宮、靖国神社、熱田神宮、東京都神社庁など、仏教系では比叡山延暦寺、解脱会、新生仏教教団などである。さらに国会議員懇談会や地方議員連盟もあり、国会議員では約三〇〇名が所属している。このように数は多くても、課題により考え方は様々で、結束力には限界があると見られている。

一般的な運動方針としては、皇室崇敬、愛国心、反共、伝統重視といった右翼系、国家主義的な諸価値を共有し、それを共通項として大同団結が実現している。ただし日本会議の団体候補と見られる国会議員は、参院選比例区で数名の候補にとどまっているとされ、まだ単独の団体としては政治的な総力を結集する段階にはないと言える。また資金的には神社本庁のバックアップが大きいとされるが、日本会議は組織力や資金力の双方において、創価学会との比較ではないという結論である。(61)

以上が現状の概要である。主として国内の宗教事情を全般的に検討し、超宗教的に宗教信仰を推進するとすれば、歴史的背景は別として客観的に見た場合、初めに上げた日本宗教連盟なのかもしれない。もちろんそれは、他の諸組織とも連携を取ってはいる。多数の出版物、声明文、セミナー活動を展開しているようで、そのHPには非常に綿密かつ周到な事業が掲載されている。ところが他の多くの組織も、形態上はそれとほぼ同様な活発さは見せている。(62)

日本でもローマ教皇が訪日する際には、相当な全国的な気運の盛り上がりが顕著に見られる。またそれに対する教皇の言動にも、精神的に新たな息吹を吹き込もうとする意気込みが十分に感じられる。教皇には、カトリック教にも様々な困難もあったが、いまだ宗教的指導者としての燈明が弱らず消えずに、光を放ち続けているというべきなのであろう。[63] ここではこのような清新な志を訴えて知られた、沖縄の一牧師の説話を事例として挙げる。

沖縄の平良修牧師（一九三二年生まれ）は、一九六六年、占領真最中の時世ではあったが、新任の米国フェルディナンド・アンガー第五代琉球列島高等弁務官の就任式において、祈祷牧師として招かれ、次のような祈りを上げたことがあった。かれは、政治社会問題との距離感で二つに分かれがちな中、いわゆる教会派でもなければ社会派でもなく、「イエス・キリスト派」と自称している。つまり自分としては、是々非々であり、言うべきは言うというスタンスなのであろう。政治社会問題についての、霊的レベルからの発言を重ねてきている彼の姿勢は、さすがだと思わせられる。今の本土では失われてしまった、勇気と実直にして高貴な勢いが横溢している。

神よ、私ども、新高等弁務官の就任式に集い、共に主なるあなたのみ前に深く頭を垂れる機を与えられて感謝いたします。過去二十年、戦争と、戦争の脅威により、世界の多くの人々が家庭と愛する者たちから引き裂かれ、私どもの郷土、沖縄も祖国から切り離される憂き目を体験してまいりました。

神よ、願わくは、世界に一日も早く平和が築き上げられ、新高等弁務官が最後の高等弁務官となり、沖縄が本来の正常な状態に回復されますように、せつに祈ります。しかし、私どもはこの就任式をとおして見る今の現実から逃避することは許されません。この厳しい現実から逃避することなく、また、それによって押しひしがれることなく、かえって、私どもが心から待望してやまない世界平和と、私どもの国家間の正常な関係を築き上げる一助になりうるために、私どもをして、高等弁務官とみのり多い協力をなさしめてください。

神よ、沖縄にはあなたのひとり子イエス・キリストが生命を賭けて愛しておられる百万の市民がおります。高等弁務官をしてこれら市民の人権の尊厳の前に深く頭を垂れさせてください。そのようなあり方において、主なるあなたへの服従をなさしめてください。天地のすべての権威を持ちたもう神の子イエス・キリストは、その権威を、人々の足を洗う僕の形においてしか用いられませんでした。沖縄の最高権者、高等弁務官にもそのような権威のありかたをお示しください。

神よ、高等弁務官を含む私どもすべての者に、変えることのできないものをば、それを謙虚に受け入れることのできる力をお与えください。また変えることのできるもの、変えなければならないものをば敢然と変えていくことのできる勇気をお与えください。何よりも、これら二つのものを正しく見きわめることのできるさとい知恵をお与えくだ

さい。(64)

宗教を襲う諸要因としての、科学、物質主義、そして宗教界自身の萎縮傾向といった三要素を見てきた。どの一つをとっても、手ごわい相手というべきである。しかしどの一つをとっても、決して叶わない相手ではなく、それぞれに新たな解決策と展望が開きうるものなのである。そういった今後への糸口を見出すために、次章よりの議論と検討を書き進めたい。

【註】

(40) エドガール・モラン『百歳の哲学者が語る人生のこと』、澤田直訳、河出書房新社、二〇二二年。

(41) 岩田慶治「人類学はどこまで宗教に近づけるか―風景論からのアプローチ」、『講座』第五巻、一七三―二〇九頁。

(42) 浜本満「差違のとらえ方―相対主義と普遍主義」、『思想化される周辺世界』岩波講座文化人類学第一二巻、六九―九六頁。

(43) これはレヴィ・ストロースが一九四五年の論文で、初めて構造分析に関して述べた言葉として掲載されている。竹沢尚一郎『人類学的思考の歴史』世界思想社、二〇〇七年。一四〇頁。

(44)『ポストモダニズムとは何か』スチュアート・シム編、松柏社、二〇〇二年。
(45)同掲書、ナイジェル・ワトソン「ライフスタイルとポストモダニズム」八九―一〇八頁。
(46)同掲書、スー・ソーナム「フェミニズムとポストモダニズム」、六九―八八頁。
(47)アラン・ソーカル、ジャン・ブリクモン『「知」の欺瞞　ポストモダン思想における科学の濫用』岩波書店、二〇一二年。
(48)高橋哲哉『デリダ　脱構築』講談社、一九九八年。一〇三頁。
(49)ジャック・デリダ、ジョン・カプート編『デリダとの対話　脱構築入門』法政大学出版局、二〇〇四年。二〇〇頁。
(50)高橋哲哉『デリダ　脱構築と正義』講談社学術文庫、二〇一五年。第四章「法・暴力・正義」一八七―二二八頁参照。
(51)https://ja.wikipedia.org/wik二〇二二年一一月六日検索。
(52)現在は、唯物論を哲学分野で論じることが、あたかも最先端の印象である。そもそも二元論が妥当するのかどうか、人間の意識と志向性―願望、意思、方向性―の問題として取り上げられている。ジョン・サール『マインド　心の哲学』朝日出版社、二〇〇六年。
(53)前掲書『現代イスラームの徒然草』拙訳、国書刊行会、二〇二〇年。二一四―二一六頁。
(54)明治の日本では、イスラームと異口同音の議論が展開されていたのに驚きを禁じ得ない。「物質の外に実在なしという科学者の見地より見れば、この力(意志)は我々の身体より起こる

という の外なかろう。……而《しか》して有機体の種々の目的は凡《すべ》て自己および自己の種属における生活の維持発展ということに帰するのであるから、我々の意志の目的も生活保存の外になかろう。……しかし斯《か》く意志の本を物質力に求め、微妙幽遠なる人生の要求を単に生活欲より説明しようとするのは頗《すこぶ》る難事である。」前掲書、西田幾太郎『善の研究』、一三四―一三五頁。

(55) Cf. Adel A. Ziyadat, *Western Science in the Arab World, The Impact of Darwinism, 1860-1930*, New York, Palgrave Macmillan, 1986.

(56) 鴨長明『方丈記』の「ゆく河の流れは絶えずして、しかももとの水にあらず。……世の中にある人とすみかと、またかくのごとし。」であるが、それと対置されるのは、上杉鷹山の「なせば成る なさねば成らぬ 何事も……。」であろう。日本では、前者の姿勢が後者を圧倒してきた。ただし両極あることも事実である。

(57) 石原慎太郎、曽野綾子『死という最後の未来』幻冬舎、二〇二〇年。『新解釈　現代語訳　法華経』幻冬舎、二〇二〇年。

(58) この分野の刊行物も多数あるが、例えば総論的には、貝塚茂樹『戦後日本と道徳教育』ミネルヴァ書房、二〇二〇年。また同『道徳の教育化―「戦後七〇年」の対立を超えて―』文化書房博文社、二〇一五年。

(59) 昨今の道徳論で際立ったものに、長短二著ある。西部邁『国民の道徳』産経新聞出版、二〇〇〇年。生涯を掛けた大著、大型版（A5判）で六七三頁に渉る。単著であるのは驚き。神仏にたよらないかぎり、正しさの何たるかを明記することはできない（一三頁）、しかし伝統にある諸価値の平衡という形で正しさは見いだせるとしている（三五三頁）。それならどうして、まだそれは見いだせていないのか、疑問が残る。長尾真『心の時代と神道』アスパラ、二〇二〇年。これも生涯を通した遺言であるが、小型版（B6判）で七五頁の超短編。こちらは宗教が道徳の源泉という立場であり、各宗教の持つ道徳概念を取り出し汎道徳律として確立し、世界の規範とすべしと主張（五四頁）。また宗教の基盤を科学的に肯定し、双方が協調することは可能としている（二九頁）。

（60）「ロシアのウクライナ侵攻に対する宗教界の動き」、『ラーク便り―日本と世界の宗教ニュースを読み解く』、第九四号。二〇二二年五月三一日。四四―四九頁。

（61）詳しくは、寺田喜朗「日本会議と創価学会―安倍政権を支持するコミュニティー」、『現代宗教』二〇一七年。一〇一―一二五頁所収。

（62）本文の一覧で尽くされたわけではない。国際宗教同志会は、一九四七年に宗教間対話を目的として設立された。同志社大学総長が発起人となり、その後多数の協力が実現している。本部事務所は大阪の金光教泉尾教会。真宗、浄土宗、天理教、臨済宗、真言宗、カトリック教、一燈園、住吉神社など。世界宗教者平和会議（WCRP）の母体の一つとなり、自らもダライ・ラマとの対談など、国際交流を進め、二〇二二年には設立七五年周年記念行事を実施した。しかし任意団体のステイタスは変わりない。

(63) 蘇生の尽力が継続されている。一九六二年の第二バチカン公会議は、カトリック教会の歴史を変える教会改革と言われた。二〇一五年、現代の教会を「シノダル・チャーチ（協働教会）」と定義した教皇フランシスコは、二〇二一年から三年の計画（その後一年延長）でシノドス（世界代表司教会議）開催を発表した。

(64) https://ja.wikipedia.org/wiki/平良修牧師の祈りのことば、二〇二二年六月二一日検索。

四、信と知を統合する行

信仰も知的体系も、それぞれに深刻な挑戦を受けているのが現状である。情報通信技術や交通手段の発達もあり、世界は小さくなり、ひと昔よりはよほど互いの影響を受けやすくなっていることを考えれば、それらの挑戦は大規模で深刻な結果を人類社会にもたらすことが懸念される。他方、双方とも過去何千年の間に、実に多様な困難を乗り越えてきたという実績がある。理知と直観という人に与えられた二大才覚を軸にして、間違いなく新局面を切り開くこととなるに違いないという、一定の楽観は許されるのではないだろうか。

そのような希望を持ちつつも、当面の打開策として注目してよいかと思われるのが、信と知の統合としての行《ぎょう》のあり方である。各宗教には広く知られる巡礼の行がある。日本仏教では多分に中国の慣例を手本にしつつ、独自の荒行も創始してきた。それらの荒行や巡礼の模様は、まだまだ知られていないので、本節では仏教、キリスト教、イスラームの三つの例を少し詳しく見ることにしたい。

ちなみに身心変容の研究は、身体知の攻究であることは既に述べた。頭脳に限らず身体にも知的能力を認める立場であり、その妥当性は誰しも日常生活から知っているところである。スポーツで反復練習の効果という面でも明らかにされる。その根源は神経には可塑性がある、つまり元通りの原状には回復しないで、いわば学習能力があるので、変形するという事実があった。神経の連携（網）にも変化が生じるのであった。また必要な筋肉の発達も、目に見える形で身体の学習能力を証明しているようなものである。

行という営みは、このような身体知習得の凝縮されたものと言えるのだろう。初めはとても厳し過ぎて体がついて行かなくても、しばらくすると慣れてきた、いや、むしろそれが快感とさえなってくるというのである。そしてそれが健康の維持や回復に良いとなれば、医療効果があるということになる。

宗教上の行の目的はもちろん健康法として編み出されたわけではないが、そこに他では得られない信と知の合致を見出していることは否定できない。以上のような行に関する議論と平仄《ひょうそく》が一致するものとして、少し長くなるが以下の引用文を掲げたい。ただし引用文の筆者自身が京都東山の修験者でもあり、表現は難しくなる。

そもそも修験道とは、等身大のこの身体をもって天地自然の中に分け入り、そのエネルギーに浸され賦活されて、天地自然の力と叡智を甘受し、それを生存世界に調和的につなぎ循環させていくワザと知恵の体系であり修道である。その知恵と身心変容技法を「生態智」、すなわち、「自然に対する深く慎ましい畏怖・畏敬の念に基づく、暮らしの中での鋭敏な観察と経験によって練り上げられた、自然と人工との持続可能な創造的バランス維持システムの知恵と技法」と位置づけることができる。……

もちろん、修験道は今日的な意味での厳密な「科学（サイエンス）」ではないが、科学が事象の正確で精密な観察や理解から始まってそのメカニズムを解明し、人間世界に活用させようとするはたらきであるとするならば、修験道にもそのような意味での科学性はある。……修験者は「山伏」、つまり山に伏して、歩き回り、よく見、聞き、祈り、その力と知恵を生きる糧とする。……日本の古代中世科学という側面を持つ修験道を現代科学と接続する道を探りたいのだ。(65)

さらに行に関する一般的な視点として、以下を見ておきたい。日本の宗教学の大御所ともされた碩学の言葉である。行が身体的であるがために長時間かけることとなるが、その精神的な効果は堅固であるとしている。

知的訓練は、人間の精神的な営みの最も重要なものの一つであるけれども、それに執すれば、知に偏した性格を作り出すおそれがある。……身体から心に入る行は、その方法が間接的であるために、心に与える効果は比較的緩慢で、長期の努力を必要とする。しかし、一面、それは着実であり、心を澄み透らせ、意志を鞏固にし、信念の強烈なる性格をつくり出す特長を持っている。それ故に、修養鍛錬の方法として、独自の位置を占める。[66]

なおこのように強調された時点から七〇年以上たった現在でも、行に関する分析的な研究はまだこれから鍬入れが始められる段階のようである。それだけに、「日本の古代中世科学という側面を持つ修験道を現代科学と接続する道を探りたいのだ」という願望は、願望に留まっていると言わざるを得ない。以下においては、信と知の統合という側面に注視するとしても、このことがどうしてもそれぞれの行の描写が主体とならざるを得ない背景である。しかしそれが行における信と知の交錯を語る上で、現状では最善、最短の方途であるので、各々を少し詳しく見ることにしたい。

ア．比叡山の千日回峰行

日本には山に籠ったり巡ったりする行は、各地で多数ある。中でも比叡山の千日回峰行は、その厳しさでひときわ抜きんでているので、ここで取り上げたい。行の内容としては、その概略を見た後に、実際にそれを果たした阿闍梨《あじゃり》と呼ばれる人の語りに耳を傾けたい。そこで、信と知が交錯している様子を垣間見ることができる。またそこに山伏たちは、一つの大きな達成感を味わっているとも思われるのである。(67)

＊修行の概略

およそ室町時代に整えられたこの比叡山の行は、千日の回峰行を七年かけて達成するものである。中国は五台山巡礼の風習があったのを日本に移して、日本に早くからあった山岳の修行の風習を取り入れたものと思われる。

最初の七〇〇日までは毎日の行程は三〇キロ（七里半、八は悟りを意味するので、その一歩手前の意味がある）で、峰々や谷々にあるお堂、旧跡、遺跡のみならず、一石一木にまで定められたほぼ三〇〇カ所で、それぞれに定められた読経と修法を行う。この回峰行には、三つのルートがあり、それは行者により異なる。

最初の三年間は一年に一〇〇日しか許されない。三年目で三〇〇日となり、四年で五〇〇日、五年で七〇〇日となる。

七〇〇日の満了と共に、比叡山の深奥にある無動寺の明王堂（回峰行の創始者が開いた本堂）

に参籠して九日間、断食断水、不眠不臥で一〇万遍の不動真言を誦する。こうして六年目には八〇〇日となり、この間一〇〇日間の行程は倍になり、修学院離宮のところまで往復（京都切廻り、切廻りは短い周回の意味）する。それで毎日六〇キロとなる。市内におりて加持をするのは、それまでの自利行ではなく、教化するための化他行（利他行）に移ることを意味している。

七年目の九〇〇日までは、京都一周の大廻りが加わって、八四キロの行程となる。一日に八四キロなので、その間は夜中の一二時に起床することとなる（その他は夜の二時起き）。最後の一〇〇日間はもとの三〇キロに戻り、食べ物は蕎麦（焼いて蜂蜜をかける）のみで五穀と塩を断って修法《しゅほう》をつみ、最後にまた九日間断食断水で一〇万枚の護摩を焚く。これを成就すると大行満という。そしてそれを達成した行者は、生き仏と崇められ、大行満大阿闍梨の称号を得ることとなる。ただし悟り切ることを避けるために、最後の一〇〇日は七五日で満行とされて終了する。そこで全体は、九七五日であり、そのためにおよそ七年間を要するということになる。

全行程の中でも際立っているのは、二度にわたる明王堂での九日間の断食断水、不眠不臥の行である。堂入りと呼ばれている。それは、一端は死ぬものと考えられて、堂を出る時は再誕ということになるのである。一日一回、お供えの取水のために外出する時は、歩行も危ういので助僧の補佐がつく。出堂の際も、お堂の敷居も跨げないので、補佐がついている。行者の服装は白衣の浄衣、野袴に手甲脚絆《てっこうきゃはん》で、八本の紐を持つので八葉の蓮華の台に乗って歩くとされる蓮華草履、回峰四〇〇日目からは頭に半開の形をした檜の網代笠（これも半開きの蓮華の花の形で、大きな草鞋《わらじ》を頭上に乗せた格好）をつける。一〇〇日が一単位で始まった以上、病気やその他いかなる事情があっても一日も休まない。中断すれば下山後に死あるのみで、常に自害用の短刀を腰に帯びている（江戸時代には十数名の死者の記録があり、大正年間にも一名いた模様）。祈るところはただ国家安泰で千日の最後には、土足のまま参内《さんだい》昇殿して親しく天皇に対して加持をする。土足参内は回峰行を創始した相応和尚が清和天皇の后に加持をするために、急ぎ参内した時の慣例に則るものである。明治以降はしばらく中止されたが、戦後はそれが復活されている。この行事は、千日回峰行最後の晴れの盛儀となる。その精神は、天台宗の開祖であり比叡山延暦寺を建立した、伝教大師最澄（八二二年没）の鎮護国家の思想と法華経の十界皆成仏の精神である。

千日回峰行の創始者として挙げられるのは、右に触れた相応和尚（九一八年没）である。その創始の逸話は、一七歳の少年だったが、和尚は常不軽菩薩の行いをやろうとしたというのである。この菩薩は、周囲の人であれば常に軽んじず、会う人ごとにあなたは仏様だと言ってだれでも拝み倒していた。しかし周りからは乞食坊主として罵られ、石を投げられ、棒で

写真２　千日回峰行

殴られた。七年経って、菩薩はついに死に追いやられた。その時、六根（目、耳、鼻、舌、体、心）が清浄になって、生まれ変わったのが釈迦であるという。相応和尚はやはり常不軽菩薩の真似は許されなかったので、そこで彼は少し離れたところにあった根本中堂まで花を持って千日間、雨が降っても槍が降っても通い詰めたという。これが千日回峰行の初めとなった。

＊修行の実感

以下の実感は、葉上照澄師の『道心』からの引用である。

一木一草を拝み、行は楽になるという。

したがって難行苦行が、また、そのまま安楽行でもある。一般にただ「南無弥陀仏」と唱えればよいと言っても、これくらい難しいものはないのであろう。清い心で一心に唱える、このいちばん基礎的なことが、実はいちばん難しいことである。それに比べれば、この一定の枠に入れられ、外面から責めていくことで、ともかく「一所懸命」とい

う境地に入ることができ、あとはあなたまかせの気楽なものとなる。苦が楽なのである。（一九六頁）

つまりこの回峰行は、一木一草といえども、仏なりと感じ、あるいは直接諸堂を、あるいは遠く諸国の神々を遥拝しながら、歩いて廻り、それも一々丁寧に、お花を供えながら廻るのである。……経典の読誦よりもむしろ、ただひたすらに礼拝して歩くところに、その特色があり、いかなる鈍根（内外的に言って鈍い力しかないもの）のものにも、熱意さえあれば可能な行とも言える。人の土足を頭にいただいて、歩くという、そして草鞋がけの姿が、そのまま最高のものに通ずるという点に、絶大な魅力を感ずるのである。（二〇二頁）

＊行と学の一致

行と学の一致という指摘は関心が引かれる。これも葉上照澄師の『道心』から引用することとなる。これを信と知の統一と読み替えることに、違和感はない。

私どものいちばんの土台は、その教理の裏付けがあるか否かであるが、そしてその教理がまた、行によって証明されねばならぬが、その行も結局は信が中心である。ただ、その信もややもすれば、迷信となるおそれがある。それを正しくするものは、行あるのみである。知と信とは行によって統一されるが、さらにこの宗教的行こそ、いちばん大切である。……すなわち天台大師の言われた「智目行足」は、私どもの正しいすじみちであって、これあってこそ「清涼池《しょうりょうち》」へ到達することができる。空虚な議論や、盲目的実践に堕落せぬようにするには、この二つの方法以外にはない。智の目と、行の足とである。

ただここで問題となるのは、人間二つの事を同時に、うまく考えながら進むということが、可能か否かということである。……例の科学と信仰のごとく、二つを同時に考えることは、なかなか困難なことである。それがためには、時間的交互にやっていくとか、段階的に集中点を替えるほかはないかもしれない。しかもこれを救うのは、ただ、この行のみと思う。行と学との統一さえも、この行によると考える。(二〇三―二〇四頁)

(回峰行は)これほど科学的であって、これほど深い宗教味のあるものも、少ないのではないかと思う。……まず科学的であると言う第一は、すべてが合理的である点である。……例えば服装、それも叡山独特のお笠。これは、檜を細く薄くしたものを編んだものであるが、ことに軽く、この形も、あの蓮の葉が両側からクルッと巻いておるのと同じ形である。……行者道を突き切って行くためには、あの恰好がいちばんである。次に浄《じょう》衣《い》。これは白麻の狩衣《かりぎぬ》のごときもの、野袴《のばかま》に脚絆《きゃはん》。白装束。……同じ植物性でも、綿よりも麻はもっと純粋な感じ、かつ毎日雨や露（天気の良い日ほど夜露多し）に濡れるが、麻だから歩いているうちに乾いてしまう。それから草鞋。こんな便利で、こんな合理的なものはない。歩くにも無責任に歩いて脱げもせず、軽々と歩け、岩根木株でも触りが柔らかく痛くない。……そのほか、第七百日に入ってから初めて許される杖といい、すべてが合理的である。（一八五―一八六頁）

合理的な一つの表れともいえるが、進歩的と言うか、一つ一つしっかりと足場を固めて徐々に進んで行く点は、その日程にいちばんよく示されている。まず最低百日を単位として、この間はどんな事があろうと休めない。万一、一日でも休むとすれば、振り出しに戻ってやり直すほかはない（しかし下山後は、即座に切腹の伝統）。……この一日も休めないことは、一日一日に、生命をかけていることであるが、実は大きな情けであって、これあればこそ緊張もし、また決して病気もしないのである。……次に何事も三年という、準備と言うか、基礎的期間は絶対に必要だが、この行こそは、その間に心身の整備ができるのである。……三年終わって初めて足袋が許される。……このようにして、だんだんと鍛錬していくのである。（一八七―一八八頁）

本来、宗教味豊かではあるが、幽玄なインド諸哲学思想の重圧から、いかにして現実的に力強い宗教味を得ようかと、釈尊の努力は実にこの点にあったのである。……しかもそれすら、根本的性格としての哲学的態度はずっと残っており、科学を十分受け入れながら、さらに一歩科学から出ようとするところに、仏教の大切な点があるのである。いわば科学と反対方向に進むことによって、その独自の宗教性を示さんとするすべての宗教とは異なって、成立の最初から科学と同じ方向に進みながら、いかにしてそれから一歩出るかにある。(一八九頁)

このことは、西欧によく見られる真理の二重性、すなわち科学上と宗教上の二つの真理があり、それぞれ次元が異なるとして、特殊異常状態を尊重する傾向に対して、あくまでもその平明性、静常性を主張せんとする立場と言える。……その最もよい例は、私どもの「断食」である。これはまさに心身の生まれかわりである。科学であり、同時に科学を超えたものである。すなわち決して精神朦朧《もうろう》となったものでなく、血液が胃に行かないためか、頭は冴え切って、しかも実に精神的法悦がある。……とにかく、科学にして科学を超えたもの、これがいちばんよく、この回峰行に示されている。(一八九—一九〇頁)

＊信の余談

満行を果たした人だからこその、人目を気にしない素直な性格と単刀直入な表現には、人を驚かせるものがある。それがまた、いずれも心に響くのである。

（法然上人が言われたように）「一文不知の尼入道と身をなす」ことができますか。近代人になんてできやせんのです。どうしてするのや。――その一つの方法が、私らみたいな行じゃないかと思うんです。阿呆になるための一つの姿です。……その赤ん坊のような心にならなかったら、天国に行かれないと聖書にもありますが、今さら赤ん坊の心になれるはずがありません。アカがついて、心臓に毛が生えているでしょう、お互いに。それが赤ん坊の心になれるはずがないが、こんなこと（行）がたとえば一つの方法じゃないか、と思うんです。（一四九―一五〇頁）

私はもちろん、既成宗教の惰眠は感じている。感じているが、何ら努力しないで宗教はわからない。宗教がないとか、何とかいう言い方は、まさにインテリの見栄である。私はその見栄をとってほしいと思う。私が、こうやって頭を剃って修行するのは、もっと素直になろうという意味である。たとえば、ガンで死んだ東大の宗教学の主任教授の岸本英夫君は、私の高等学校からの友だちであるが、可哀想に学問があるものだから、どうしても宗教の醍醐味にとけ込めない。いくら言ってもだめだ。そのインテリの鎧を

写真３　京都市中のお加持

とってしまえというところである。（一七〇―一七一頁）

＊大阿闍梨の箴言

「最澄心形《しんぎょう》久しく労して、一生此に窮まる。」伝教大師は心と体を長く苦労して、いよいよこれが最後だと、何という悲痛な叫びであろうか。まあ生きてる間に実現するような理想はたいしたこともない。……「道心の中に衣食有り、衣食の中に道心無し」という（大師の言葉）ことであった。思い煩うなかれ。おまえらは真剣になっておればいいのだと。そんなものは必ず食べていくぐらいいけるのだと。食っていくようなことばかり考えているからいけないのだと、これがいちばん有名なことばだ。算術的な答えは、この中からは出ない。これは高等数学であなた方ならお考え願えると思う。（一六一頁）

本書第一章イ．「仏教の場合」において、次のように述べていた。それは、右に見た「行と学の一致」における、信と科学の関係に関する論述と全く平仄《ひょうそく》を一にするものであることを、ここで改めて見直しておきたい。

――仏教においても現象世界に自然の法則を見出す点は、西欧の科学と軌を一にしている。それがいわゆる、生々流転であり輪廻転生の法といわれ、それは諸行無常という表現にもつながっている。初めもなければ終わりもなく、あるのは諸物の縁起という因果関係だけと理解するのである。しかし西欧の科学と異なるのは、次の点である。つまり科学では人間は現象とは別物で客観視されるのであるが、仏教ではそうではなく、自分は無我であり、万物存在の現象の中に没している姿を描くのである。

イ．中世のエルサレム巡礼

エルサレムは、ユダヤ教やキリスト教の聖地であり、イスラームにとっても預言者ムハンマドの昇天の地として特別の重要性を持つ街である。またそこは、周辺のローマ帝国、ペルシア、エジプト、そしてトルコといった強大な諸国の間にあって、あらゆる政治的な浮沈を繰り返してきた。英国がアラブとユダヤの両方に祖国建設を約束するという二枚舌外交が、現在のパレスチナ問題の原因となったことも知られている。

カトリックでは、エルサレム、バチカン、そしてサンティアゴ・デ・コンポステーラが三大巡礼地とされている。中でもエルサレムは遠距離であり、また治安状況からも難しかったが、中世においては特にそこを目指すことが渇望された。第一の具体例としては、イエズス会宣教師のイグナチオ・デ・ロヨラの『ある巡礼者の物語[68]』における模様を振り返ってみたい。第二の事例は、十字軍の事績である。ヨーロッパ大陸全体の運動になった十字軍は、なかんずく聖地エルサレムへの参拝の旅であったのだ。

①イグナチオ・デ・ロヨラの巡礼

＊巡礼先

エルサレムにはイエス・キリスト所縁の名所や旧跡が目白押しにあるので、巡礼の目的地となるのは、最も自然であった。キリストの墓があったとされる場所に建造された聖墳墓教会、同教会が立っているのはキリストが処刑されたゴルゴダの丘であり、エルサレム市内には、キリストが十字架を背負わされて進んだ石畳の道がそのまま残されている。

＊回心

多くのキリスト教信者と同様、デ・ロヨラ（一五五六年没）の場合も、罪からの救いということが回心の大きな動機となった。彼はその巡礼記の中で、世俗感覚と信仰生活の二股をふらついていた日々の様子も述べた後に、後者の信仰者としての姿勢を固めるに至ったとしている。

世俗的な事柄を夢中で考え続けている間は大きな快楽を味わったが、その考えに飽きて止めてしまうと、うらぶれた、空しさに満たされた。ところが、裸足でエルサレムに行き、野菜以外何も食べず、聖人たちがなしたことよりも、よりいっそう苛酷な苦行をなそうという想いに留まっている間、慰めを覚えるだけでなく、その考えを止めた後でさえも、心が満たされ、快活であり続けた。（二六―二七頁）

過去の生活のために償（つぐな）いの苦行をすることがどんなに必要であるかを考えた。そこで、聖人たちに見倣いたいという熱望が沸き起こったが、具体的な事柄を考えないで、聖人たちがなしたように、自分もそうしようと、神の恩寵によって約束するだけであった。しかし、全快したらすぐに何よりも為そうと熱望したことは、前に述べたように、エルサレム巡礼であった。巡礼中、神の愛に燃え、寛大な勇気で実行したいと熱望するままに、より多くの鞭打ちや断食を自分もしようと決心した。（二八―二九頁）

こうしてロヨラは世俗の騎士からキリストの騎士へと成長し、死後約七〇年経った、一六二二年には法王によって列聖されるまでに至った。

＊エルサレム巡礼の高揚心

イグナチオ・デ・ロヨラの巡礼記の第四章は、「エルサレム巡礼―神への絶対的信頼を秘めて」と題されているが、まずはその道行きはただならぬ困難に満ちたものであったことが強調される。それらは、ペストの流行、暴風雨、兵士たちの暴行、そして経済的、身体的な困窮などである。

神がエルサレムに行くための手段を与えてくれるに違いないとの確固不抜な確証が魂の底に据わっていた。だから、人々がどんな理由を挙げ、恐怖を起こさせようとしても彼に疑いを抱かせることは決してできなかった。（一〇〇頁）

かれら（イグナチオたち）は巡礼船に乗り込んだ。かれは、前の船の場合と同じように、神に抱いている希望以外に生命維持のためのものを持っていなかった。この時期ずっと、われらの主がしばしばかれに顕れた。主はかれに大きな慰めと力とを与えてくださった。……彼は、いつもの習慣通り、小ロバに乗ってエルサレムに向かっていった。エルサレム到着二キロ前で、一人のスペイン人で、その風貌から貴族と思われる、ディエゴ・マネスという名の人物が、ここからもう少しで、聖なる都が見える地点に到着するので、全員が良心を究明し心の準備を整え、沈黙を守っていくことはよいことではないでしょうかと、大きな信心を込めて、皆に呼びかけた。（一〇三―一〇四頁）

都を眺めている間、巡礼者は大きな慰めを感じ続けた。外の人たちも同じことを言っていたので、自然とは思われない歓びを全員が感じていたのは事実である。かれはいろいろな聖なる場所を訪れたとき、いつも同じ信心を感じたのであった。（一〇五頁）

（イエスの足跡をたどるために無許可で一人オリーブ山を訪れたので、修道院の係に捕まって）その男は非常に憤慨して、手に持っていた大きな杖で今にもかれを打とうとする様子だった。そして、彼のところにやって来て、かれの腕を乱暴に掴まえたので、かれはその男の連れていくままに身を任せた。こうしてその信者の男に捕まえられたまま、歩いて行く間、キリストがいつもかれの上を見守っているのが観えて、われらの主から大きな慰めを受けた。それは、修道院に着くまで、ずっと溢れるばかりに慰めが与えられ続けたのである。（一一〇頁）

以上の記述により、一六世紀のエルサレム巡礼を巡る様子と情熱のほどは十分伝わってきたと思われる。デ・ロヨラにおいては、巡礼の行の様々な厳しさと困難が、決意のほどをさらに固めて、そこに大きな信心の凝縮を見出したと言えよう。それは恐らく、信と知の合一といった次元よりもさらに高みにあるものではなかったかと了解されるのである。生かされていることの実感であり、荘厳さと安寧感に満たされた至福の時間となっているのである。

＊巡礼の意味に関する教皇の言葉―参考

ここで参考に、巡礼に関する教皇の言葉を見ることにしたい。イエス降誕より節目となる、西暦二〇〇〇年は大聖年としてバチカンで盛大な行事が行われ、教皇ヨハネ・パウロ二世は、大聖年を公布する大勅書『受肉の秘義』の中で巡礼の意味について次のように説いていた。(69)

巡礼に出ることとは、時代が変わり、文化が異なれば、違ったかたちを取りましたが、信じている人たちの人生のなかでいつも深い意義を持っていました。巡礼に出ることは、あがない主ご自身のあとを、信じる人のだれもが歩むものだということを思い起こさせます。それはつらい苦行で、人間の弱さの償いを行うこと、自分の弱さから目を離さないこと、心から自分を改革する準備をすることです。徹夜、断食、祈りを通し、巡礼者は、キリスト者として完全になるための小道を進みます。神の恵みを支えとし、『成熟した人間になり、キリストの満ちあふれる豊かさにまで成長する』（エフェソ四・一三）ことを目指して努力するのです」（七番一七―一八頁）。

＊サンティアゴ・デ・コンポステーラへの巡礼―参考

エルサレムへの行程が難しくなってからは、その代替地として注目されたのが、スペインのサンティアゴ・デ・コンポステーラであった。そこへの行程は、今ではイベリア半島北部の片道約八〇〇―九〇〇キロにわたり、通常一カ月をかけて踏破する道のりである。九世紀に使徒聖ヤコブの墓が見つかったということで、一〇世紀以来、巡礼の地となった。特に一一世紀以降は、エルサレムへの巡礼がトルコ族の進出により困難となり、さらにはバチカンへもローマとゲルマン人勢力との抗争のため往来はままならなかった時代となったことで、サンティアゴ・デ・コンポステーラ巡礼に情熱が注がれた。

歴史的には巡礼のルートはいくつも開かれていた。他方、ペストの猛威や百年戦争のため、ヨーロッパ大陸からの巡礼は、一四世紀以降は目に見えて衰退しはじめた。その間、同地への往来はヨーロッパ文化の交流という意味でも大きな役割を果たした。往時は毎年五〇万人が集まったが、今でも年に一〇万人ほどがフランスよりピレネー山脈を越えてやって来るそうだ。現在では、日本からもツアーが出ている。

大聖堂の五キロ手前にある「モンテ・デル・ゴソ（歓喜の丘）」において、巡礼者は初めて美しい聖地の姿を眼にする。徒歩でおよそ一カ月の道程。大聖堂に到着した巡礼者は、「栄光の門」と呼ばれる入り口に向かう。そこには幾千万もの巡礼者がもたれるように祈りを捧げてきた柱がある。手のくぼみの跡が歴史を物語っている。

サンティアゴ・デ・コンポステーラに到着すると、「コンポステーラ」と呼ばれる証明書（無料）がもらえる。中世のカトリック教会では「コンポステーラ」は免罪符の一種であった。大聖堂では毎日正午に巡礼者のためのミサが開かれ、巡礼者の祖国と出発地が唱えられる。巡礼は神への誓約と免罪のためであることは、どの巡礼地点でも同じような意義付けがされている。初めは小さな村に過ぎなかったのが、一大都市として発達し、社会のあらゆる階層から巡礼者を集めるに至ったのは、やはり聖ヤコブへの信仰と情熱が動因となっていたことは間違いない。

聖ヤコブは、当時のヨーロッパ・キリスト社会における、人々の文化的宗教的行動の表れであり、サンティアゴ巡礼は、それを行う者たちにとってまず神聖な空間として存在し、それは隠匿の道であり、またキリスト、聖母、そして使徒聖ヤコブや他の聖人たちによって道中を護られながら達成する自己実現の道なのでした。その結果として、この慈悲と敬虔な精神あふれた巡礼街道は、最終地のサンティアゴ大聖堂だけでなく、その街道沿いに無数にある聖所を訪れることによって、それら宗教的遺物を拝み、ある巡礼者たちは奇跡に出会うこともあるということで、これは、熱心な信者たちにもっとも望まれる宗教的精神的出来事でした。

聖ヤコブ巡礼における巡礼者の個人的な体験は、西洋キリスト教世界の精神性と中世の歴史そのものとしてとらえられ、ある一時期だけにおける特別な遺産ではありません。その証拠に、その巡礼は、中世の時代における精神的文化的行為として表され、またそれは、当時のヨーロッパ各地に広く受け入れられた、いかにも人間らしい行為の象徴でした。今日、私たちが生活している二一世紀においても、このような精神世界は、聖ヤコブの巡礼の道に見つけることができ、それは、サンティアゴ巡礼の道の持つ唯一の特徴であり、その道を歩くことによって、精神性や感受性を深め、また聖ヤコブ信仰に対する宗教的行為を達成することができるでしょう(70)。

②十字軍のエルサレム巡礼

十字軍の歴史は、それ自身大きなテーマである。多数の詳細な研究が重ねられてきた。もちろんそれらの大半は、政治、軍事的の観点からのものである。

写真４　十字軍

＊十字軍の呼び掛け

一〇九五年、クレルモン公会議における教皇ウルバヌス二世の呼び掛け（勧説）によって、十字軍が起こされた。彼はトルコ人の進出によって、神の王国が侵されているとして訴えたのであった。それを聞いた聴衆からは、「神、汝を欲する」というどよめきがあった。

他方、そのような進展の背景には、社会経済的なものがあったとされる。すなわち当時は、欧州で農業生産が向上し、人口増、都市化が進み、貧困騎士と下層農民が発生、そういった情勢が社会全体の状況と大陸脱出願望を生んでいたというのである。精神的には暗示の支配が横行するといった様相で、天文、自然災害などに悪運を読む習性がはびこり、巡礼の後押しをしていた(71)。

＊十字軍の推移

一〇九六年の第一回から、一二七〇年の第八回まであったとされるが、数え方は分かれている。初めには、正式の十字軍ではない民衆十字軍約四万人が進軍した。その指導者は、ピエールと称する隠者で、クレルモンから起算すれば、三千キロ、三年はかかる行路であった。しかし民衆軍団は惨敗の運命であった。

一〇九六年、第一回の正式の十字軍が戦利を収めて、一〇九九年にはエルサレムを占領し、王国を樹立することができた。その途次、故事に由来する槍（イエスを十字架で刺したとされる）の発見の他、様々な旧跡や遺跡を訪ねることで、十字軍の士気が高まったことは、想像に難くない。

しかしその後、一一八七年には、サラディンの名で通った、サラーハ・アルディーンがハッティーンの戦い（シリアの関ヶ原に相当）で十字軍を破り、形勢は逆に急転した。同年、エルサレムは無血開城させられた。ただしその後も時には、エルサレム巡礼の自由を保障する協定が締結されたりした（一一九二年、英国獅子王リチャード一世・サラディン協定、同年には源頼朝が征夷大将軍に任ぜられる）。

また一二〇二年の第四回は、コンスタンティノープルの東ローマ帝国を相手としたもので、それは大きな戦利品を目論んだ、ベニスの商人たちが策略した面が大きかったとされる（後述のように、本当は宮廷内の抗争が絡んでいた）。一二〇四年には、東ローマ帝国は滅亡した。またこの時期以降、主要な目標は穀倉でもあった。エジプトのマムルーク王朝に移された。そして第八回の終わりまで、種々の十字軍が起こされて、様々な聖地奪還作戦が繰り返された。例えば、一二一二年には、少年十字軍が結成された。そして一二九一年、最後の橋頭保であった地中海に面した港湾都市アッカ市の陥落により、十字軍国家は消滅した。

一方、西の端では、一四九二年、グラナダ市がキリスト教側に奪還されて、イベリア半島のイスラームの支配は終了した。イスラームの歴史家によると、かれらの視点は欧州の十字軍（フランクの軍と呼ばれた）は東西に渉る戦略を展開したのであって、それらは全体で一つの軍事行動として捉えられたのであった。(72)

＊巡礼の高揚

十字軍の歴史を政治、軍事的な視点から論じるものが多いが、本書の関心事はそうではなく、それがどのように信仰上の行として受け止められていたのかという点である。そういった観点から、関係箇所を改めて見直しておきたい。

まず幾つかの分岐点では、明らかに信仰上の行動として活動した人たちが注目される。当初民衆十字軍を率いたのは、放浪修道士「隠者ピエール」であった。かれは実は、クレルモン公会議で勧説をしたウルバヌス二世に前もって手紙で、聖地奪還を訴えていたという事実がある。それは巡礼地におけるキリスト者の被害状況を、身をもって知っていたからである。当時治安は良くなかったので、キリスト教巡礼者に対する政策的な抑圧というよりは、暴行、略奪などの狼藉《ろうぜき》が目立ったということである。ただしウルバヌス二世が動いたのは、それが唯一の理由ではなく、他の司祭からの訴えもあったようである。

また第四回の十字軍派遣には、ベニスの商人たちの暗躍があったことは知られているが、それが同十字軍を率いた指導者たちの主たる要因であったとは言い切れない。思ったほどの戦力が結集できず、従って戦費のまかないも難しくなったので、ベニス商人の要求に応じてハンガリーの都市を占領することで、過大な見積もりとなっていた戦費負担を軽減してもらったのは事実であった。要するに、大規模な十字軍召集を企画したが、結果は乏しく、戦費としてのベニス商人に対する借金返済がままならなくなったという次第であったのだ。

しかし最後にコンスタンティノープル占領に至った次第は、ベニス商人の策略ではなく、それはビザンツの宮廷クーデターに巻き込まれたというのが主因であった（戦利品で負債の支払いが可能になるとのビザンツ宮廷一派の裏約束に乗ってしまった）。またそもそも第四回十字軍派兵の教皇インノケンティウス三世やフランス貴族一団の決断は、エルサレムを目指したものであったので、それは巡礼保護という元来の趣旨に沿ったものであったことは間違いない。そのような本望をはき違えないようにしなければならない[73]。

さらには、日本で言うと幕末期に会津若松の鶴ヶ城防衛のために結成された少年白虎隊を想起させるような、少年十字軍が立ち上がったことも当時の機運を十分示すものとして特筆される。かれらは夢で聖地奪還を見たといったことが動機となった。一二一二年、フランスのオルレアン近郊から出発した一行は、どんどん賛同者を集めて、最大三万人に及んだという。しかし全員、地中海を渡れずに、奴隷に売られ、あるいは水没死の憂き目に会った。一方ドイツのケルンからも別の一団が出発して、ローマでは教皇に陳情してその努力を褒められはしたものの、結局帰郷を進められてエルサレムには到達しなかったのであった。帰省途次、全員死亡したと伝えられる。

エルサレム占領に至る時点の十字軍の強さの要因の一つは、信仰心によって鼓舞された確信だったとされる。大勢の司教や聖職者たちが同行し、礼拝や祈祷が常に行われていた。その中でシリアのアンティオキアの街で「聖なる槍」が発見されたことは大きな出来事であった。キリストの脇腹を刺すのに使われた槍とされる金属片が出てきたのだ。戦士の中には疑う者もいたが、同時にそれでより固い決意で戦った者もいた。その発見時の歓喜の様子は語り継がれるものとなった。更にエルサレム占領後、市内で「真の十字架」の小木片が聖遺物として発見されたのも、将兵たちを大いに鼓舞したこともあった。

エルサレム入城の際の、彼我の流血の惨事の有無の違いについては、イスラーム側の寛大な措置とキリスト教側の残虐行為が対比されがちである。その背景などは、次の通り。

一〇九九年七月一五日、エルサレムは十字軍の手に落ちた。その後何日にもわたって行われた虐殺は、歴史的なもので、それは語り継がれることとなった。赤い血は、町の細い通りを川のように流れていたという。キリスト教徒は予め町から避難させられていたので、残っている市民は当然のように殺害、略奪の対象となったのであった。多くのユダヤ人も許されず、金銀の財宝が狙われた。このような残虐性は全く聖書の示すものではないはずだった。そうしてそれは、一一八七年、ムスリム軍がエルサレムを奪還した時は、無血であったのと、対称的であったことが注目される。(74)

ただし無血開城は事前の市民助命の嘆願に応じたものであった。条件としてキリスト教徒は、イスラームの聖跡の破壊もしないことを挙げた。こうした細かな交渉の結果が無血開城であった。それにしてもエルサレム開城の指揮者であった、サラディンの豪胆さも示すものとなった。また聖墳墓教会も破壊を免れた。どれほど毀しても、結局またキリスト教徒たちの巡礼は続けられるだろうと、サラディンは判断したと伝えられる。

微妙な点であるが、十字軍の出てきた西欧では、ビザンツやギリシア人の文明が高いことに対する嫉妬心があった。ギリシアでは、異教徒との戦いもできるだけ避けるべきで、その死は殉教ではないとする古代教父たちの思想がそのまま受け継がれていた。他方それが西欧では、不実なギリシア人と見られてしまう素地となり、異教徒を根絶やしにする戦争を強く肯定していた。こうした発想が、エルサレムでの殺戮につながったのであろう。(75)

ちなみに一一世紀の当初の十字軍思想は異教徒撃退であったとすると、それが一二世紀には真のキリスト教徒となるための試練として異教徒との接触を求める考え方がひろまった。それは愛の神学と呼ばれる思潮が高まったからである。それが一三世紀になるとさらに、異教徒に対する宣教の思想へと変貌を遂げるのであった。

一〇九九年の聖地奪回の頂点の場面を、次のように十字軍の記録は描写している。その敬虔さは十分に表現されている。

　飾り付きの祭服や袖の長い修道服をまとった司教たちとすべての聖職者が十字架と保護聖人の聖像を掲げ持ち、はだしで行列の先頭を歩き、十字軍士をオリーブ山へと導き進んだ。……謙遜と痛悔の心もて苦しげに吐息をつき涙を流しつつ、天を仰いで援助を要請した。(76)

千日回峰行の行者は達成できない場合に切腹をするための短刀を、腰に帯びて山道を行くということは、すでに触れた。イグナチオ・デ・ロヨラの巡礼であれ、十字軍であれ、その行程はやはり死を覚悟したものであったに違いない。それは戦闘のためばかりではなく、行路にはあらゆる困難が待ち構えていた。船の沈没、山賊、疫病、飢餓などおよそ想像するのに困難はない。そのような死を覚悟した者だけが、それを乗り越えた時に別次元に到達できるものなのであろう。

ウ．イスラームのマッカ巡礼(77)

イスラームの教義は、六信五行としてまとめられる。六信とは、アッラーの絶対的支配、天使や悪魔などの存在、クルアーンを最後とする諸啓典、ムハンマドを最後とする諸預言者、最後の審判のあること、定命のあること、これら六カ条が真実であると心から信じることである。五行というのは、入信のため信仰を告白すること、一日五回の礼拝、年に一回の喜捨、年に一カ月の断食、一生に一度のマッカ巡礼の五カ条である。中でもマッカ巡礼は大行事であり、昔は旅費も難しいとなれば、村長が全員を代表して巡礼するような場合もあった。

＊巡礼の内容

イスラームでは巡礼は、イスラーム以前から行われており、アーダムとイブが天国より追われた後、マッカ近郊で再会して、巡礼している人たちを見かけて、それを実施したとされている（再会だから「知る（アラファ）」を語源として、地名のアラファートの丘が生まれた）。毎年イスラーム暦の一二月が巡礼月と称されて、同月の七日から一二日、ないしは一三日までがその期間になっている。それだけの長時間であるので、自然と参加すべき儀礼や行事は多数に上るし、またその機会ごとの祈りの言葉も多数慣例上決められてきた。それは数多いので、一冊の巡礼時の祈願集として市販されて、多くの巡礼者は首からぶら下げて随時参照しながらの行事参加となる。巡礼中の男性の服装は、千日回峰行と同じく白衣である。以上は大巡礼と称されるフルコースであるが、一部を実施する小巡礼は時期を問わずにいつでも可能、ただしそれを何回繰り返しても、大巡礼の代替にはならない。

まず大巡礼の行程としてはマッカ市内の中央にある、カアバ殿への参拝から始まる。カアバ殿は黒い布で覆われた立方体で、一つの礼拝所である。人類初の建造物としては特別のものであるが、アッラーが降臨されるといったことは誤解である。その周囲を七周回るのだが、巡礼中は大変な混雑となる。そして回り終わると、その人は赤子の心に戻れると言われる。次いではその外にある回廊を、七・五往復する早駆けの行を実施、その後はマッカから二五

写真５　カアバ殿

キロほど東にあるアラファートの丘に出向いて、半日に渉る礼拝を行う。それは留礼と呼ばれるが、アッラーが御覧になる天覧の日ということで、巡礼中でも最高潮に達する儀礼である。留礼の後は、丘を降りて、石投げの儀礼に臨む。それは悪魔を追い払う意味があるとされるが、実は自分自らの心の浄化が主目的である。石投げの後は、髪を剃り、動物の供犠をして、その後またカアバ殿への参拝をする。これで大巡礼のプログラムは完遂したことになる。

各儀礼に規定があるほか、行程の各所においても細かな定めに満ちている。そのため実際には、巡礼指導者が先導することが多い。あるいは市内随所に、イスラーム相談所が設けられている。下手をすると、その年の巡礼は無効となってしまうのである。すべての行事は基本的に何日の何時ごろと定められるので、現地にいてもその規則通りに実施できない場合が出てくる。その場合は代償として日中の断食を三日行うなど、補填の措置もある。それでも全体的には結構緩やかな時間の流れであり、自由時間には講演会や各種勉強会の催しもある。

毎年、大巡礼には三〇〇万人以上の参加がある。今は交通手段に不便のない時代だけに、子供も参加し、一生に幾度も巡礼する人たちも多い。特に、右に述べたプログラムの一部を実施する小巡礼という短縮版には、一年を通して時期に関係なく、やはり多数の巡礼者が見られる。

以上の多数の行事でも、おそらくもっとも信仰心が高揚するのは、次の二つの機会であろう。それはマッカの預言者マスジド（モスク）に入ってその中央にある、カアバ殿を目にする瞬間である。次いでは、天覧の日とされる巡礼月九日の午後を通じて行われる、アラファートの丘での留礼である。

＊カアバ殿初見参

①エジプト人作家の興奮

マッカに到着して、カアバ殿を初めて目にした時の衝撃が、ムスリムにとってどのようなものかを、エジプト人作家ムハンマド・フセイン・ハイカル（一九五六年没）は次のように述べている。そこに巡礼への思慕や、長年に渉り煮詰められてきた生涯の祈願が、一気にはけ口を見出したようである。ちなみに彼の巡礼記は、一九三〇年代にエジプトの思潮を欧化からイスラーム志向へと回帰させた大きな契機となったものであった。

マスジドの扉と天井のある所を抜けると、すぐそこの真ん中に、カアバ殿は突然現れた。その壁は金の刺繍がしてある黒い着物で覆われていた。それは誰も私に言う前に、突然現れたのだ。そしてそれは以前から知っていて、何回もその周りを回礼したかのように、現れたのだった。……真ん中で突然現れたカアバ殿。それに私の目は貼り付けになり、そこへ私の心は飛んで行き、そこから私の気持ちの去りどころがなくなっていた。そこから私は一つの衝撃を得ていたのだ。それは私の全存在を満たし、私の両足をそれに引き付け、私の全てを畏怖と慄きに化していたのだ。……こんな時に案内人の話しなぞ、聞いていられない。この家は私の魂を捉え、そこへ急ぎ、そして回礼しつつアッラーの御名を唱えるようにと、引き付けたのだ。(78)

トンネルを抜けると、そこは白い雪国だった、という川端康成の小説の冒頭にも似た印象で、ハイカルは物語っている。でも本当に双方に共通している点は、強い思慕の気持ちが誘引となってこの意表を突く突然性をもたらし、それが衝撃にもなっているというところではないだろうか。

②日本人初の巡礼者―山岡光太郎（一九五九年没）

山岡の巡礼は、一九〇九年一二月に行われた。インドのボンベイにおいて、二ヶ月ほどイスラームについての特訓を受けて、いざマッカへ、ということになった[79]。

その巡礼記にはやはり、カアバ殿初見参の感激がたっぷり描写されている（以下は適宜現代語に直した）。

本尊―マッカ大礼拝殿の光景……幽界にでも入るような心地して通りを進めば、毅然とした堂壁を暗闇に目にした。やがて堂門に歩を移せば下足番が控えており、下足依託者の求めに応じて有料で預かってくれた。そうしない者は自分で携行して、殿内に歩を進めた。朝日はまだ上らず、数万の灯火は蛍火の明滅するようだ。頭の影は堂上に映り、緩やかに読経しつつ三々五々周行するのを見れば、誠に百鬼夜行の図にも似ている。……こうして粛々と同行者に随伴し、読経周行する石殿に到れば、突如として大庭の中央に、高さ約六間に上る立法形の大石殿が鎮座していた。その頂辺より数米の下、金刺繍でアラビア文字を四辺に縫った黒緞子の被覆を……例の法衣を纏える回教徒は案内者に随従し、……、一周毎に堂壁上に埋め込んである黒石を頬擦りし、石殿の周囲を七周した。(80)

「立法形の大石殿が鎮座していた。」との一言で、山岡の受けた衝撃が表されている。以前に見たハイカルの美文調とは異なって、簡潔を持って貴しとする俳句的なタッチと言えるのかもしれない。なお現在は、混雑で黒石を頬擦りすることは、なかなか難しくなってしまった。

＊アラファート丘の留礼

巡礼月九日午後の留礼は、数時間の悔悟と祈りの時間であるが、この儀礼は天覧の日とも言われ、アッラーご自身が見ておられる特別の時間とされる。これが実は、巡礼の諸儀礼の中でも最高潮に達する行事である。前の山岡光太郎の巡礼記と、それに続いていくつか他の記述を見ることとしたい。涙を流すほどに、悔悟せよと言われて、実際に大男が泣いているシーンを見ることになるが、その高揚振りはただ事ではないのである。

①山岡光太郎の巡礼記

彼は、アラファートではまず、留礼の大集合が他宗教の祭りとは異なりまことに祭り騒ぎもなく、単調な風情に感銘を受ける一方、日射病のためにテントから傍観するに止まってしまい、彼は悔しさをぶつけるしかなかった。

やがて近くを見れば、数万の教徒たちは塔下（著者注：ラフマ山の白塔）に集り、天を仰ぎ白布を打振り、ラベーキ、ヤ、アルラア（天の神）（著者注：アッラーよ、御前に参上しました）と叫喚し、歓声天地を震撼するほどであった。……邦人未踏の地、之の盛儀を見物するもの、自分が初めてだと思えば、独り自分で独り占めするのがもったいない感じである。但し不幸にしてマッカの入府途上において、日射病に罹り、それ以来健康が勝れない。……、盛儀を幕舎において傍観せしも、最早めまいがして、足は一歩も幕外に出られなくなった。……全く尽きない恨みである。

アラハットにおける儀式は、メルシイ山（著者注：マースィー（慈悲）のことだが、アラビア語ではラフマ山）頂白塔の下、天を仰ぎ『ラベイキ、ヤ、アルラア』を絶叫するのみにして、他に何の宗教上の儀式執行せられず、何処までも回教儀式の単調無味なことである。またこれ他宗教の徒のような祭り騒ぎと異にし、これ宗教の特色とも言うべきで

あろう。(81)

②著者自身のアラファの日の説教（地名のアラファートの単数アラファが日を指す場合は使用される）

前に山岡は、自分が日本人としては初めての参加者だと述べていた。同様であるが、本書著者（水谷）は、このアラファート丘での留礼における日本人初の説教師の役割を担ったのであった。それは二〇〇六年一二月のことであったが、その説教（日・英・アラビア語の三カ国語で実施）では次のように述べた。

皆様に平安とアッラーの祝福を、そして我々の預言者ムハンマド（アッラーの祝福と平安を）とその家族ならびに教友たち全員に、祝福と平安を祈念します。本日のこの説教は、この祝福された日に行われる日本語として、初めての説教になるでしょう。

同胞の皆様、

今日このアラファの日に行うウクーフ（留礼）の儀礼は、巡礼の諸儀礼の中でも最高峰のものであることをまず再確認しましょう。クルアーンに明確な根拠があり、また巡礼者全員が同じ場所・同じ時間に行うという唯一のものであるからです。預言者伝承にも、「巡礼はアラファだ」とあります。ですから、ウクーフは巡礼の頂点であり、諸儀礼中それが欠けると巡礼が成立しないという幾つかの巡礼の柱の中でも、最大かつ最強の柱であることを再確認しましょう。

第二には、この日はアッラーが直覧される日（アルヤウム・アルマシュフード）だということを再確認しましょう。皆様の一瞬、一瞬の動きは凡て見て取られています。われわれはアッラーを称賛し、この大切な日にここに居られること（カイヌーナ）が出来たことをアッラーに感謝するものです。今年は特に、この日が金曜日になったという意味で、祝福は二重になりその恵みは何倍にもなっているのです。

第三に再確認したいことは、われわれの預言者ムハンマド（アッラーの祝福と平安を）はこの日に有名な「別離の説教」（フトバ・アルワダーィ）をされたことです。これはイスラーム共同体の憲法にも相当するもので、重要な多くの原理・原則を定めています。それらの凡てをここで述べるのは無理ですが、その要点は次の通りです。

一、アッラーはあなた方のために、教えを完成された。こう説教された時に、次の啓示が降りました。「今日、あなた方の教えを拒否した人たちは、（あなた方信者が棄教することを）断念しました。だからかれらを恐れないで、わたしを恐れなさい。今日、わたしはあなた方のために、あなた方の宗教を完成し、またあなた方へのわたしの恩寵を全

うし、あなた方の宗教として、イスラームを選んだのです。」（食卓章五：三）
二、人間は平等であり、その間には赤も黒も違いはない。
三、アッラーの下で最善の人は、信仰の篤い人である。
第四に再確認したいことは、この説教の後にも皆様と一緒に多くの祈りの言葉を述べることにしますが、その中で特にこのアラファの日に用いられるのは次のものであると言うことです。

「最善の祈りはアラファの日の祈りである。そしてわたしも言ったし、また私より以前の預言者たちも言った言葉で、最善のものは次のものだ。つまり、アッラー以外に神はなく、アッラーは唯一で並ぶものはない。かれに大権があり称賛もかれのためである。生かすも死なせるも思いのままで、実にアッラーは万能である。」

最後に、偉大なアッラーに与えられた多くの恵みに再び感謝し、特にこの日この時と言う祝福された場所に居られることに付き感謝したいと思います。そして皆様に平安をお祈りします。

以上の言葉を述べつつ、わたくし、皆様方、そして全ムスリムのあらゆる罪をお赦しくださるようにわたくしはアッラーに対してお願いするものですが、一方で皆様方もアッラーにお赦しを乞われるようにして下さい。実にアッラーは、よくお赦しになり、また慈悲深いお方です（続いて幾つかのドゥアーを全員で一緒に唱和）。

③留礼の感涙と祈り

アラファの日は、信仰のあらゆる果実が詰まったような一日で、それはマッカからマディーナに移住してイスラーム暦の初めとなった西暦六二二年の聖遷（ヒジュラ）の日よりもすばらしい日であるとされている。預言者ムハンマドがその妻アーイシャに言ったという伝承には、次のようにある。

アッラーがその下僕を業火から自由にするのには、アラファの日以上の日はない。威厳あり崇高なアッラーは近づかれ、下僕を巡って天使たちと誇りあい、彼らは何を欲しているのか？と問われる。（アルダーウード及びアルティルミズィーによる伝承）

そこで一二世紀末の人、イブン・ジュバイル（一二一七年没）の「旅行記」を見てみよう。

そして前述の金曜日、昼と夕刻の礼拝を同時に済ませると、人々は悔悟し、泣きながら、留礼の行を行った。そして至高至大なる神には、その慈悲を求めた。「神は偉大なり」の声が高まり、人びとの祈りの騒音は高まった。一日にこれほど人びとが涙を流したのが見られたことは嘗てない。またこれほどの人々の心が悔悟し、神の前で服従の念と謙遜の念に駆られて首を垂れるのは嘗て見られなかった。人々がこのような状態を続けている間、太陽は彼らの顔を焦がしていたが、やがて日輪は没し、日没の刻となった。(82)

アラファの日が金曜に重なることは、非常に重視されていた。月初めの日を決める新月の動きの観測を誤魔化してでも、何とかその日に金曜日が来るようにした、ということが問題になったとの話も残っているくらいである。

以上の一二世紀から現代へと移り、同様な感動が物語られていることを確かめておきたい。パレスチナ出身の現代のイスラーム思想家であり、作家であるムニール・シャフィークの巡礼記を見てみる。

日没までわれわれはアラファで過ごした。それは、逃したら巡礼が成り立たない、基本的な柱である。アラファでのこの数時間は、祈りとお赦し乞いに満ち満ちていた。……そして巡礼は、アラファで頂点に達したと感じた。あるいはアラファ山(注:ラフマ山)も含めて、いくつかある頂点の一つだと感じた。……そこでは祈りとお赦し乞いしか考

写真６　留礼

えられなかった。……巡礼者たちを見たときは、そして特にここアラファでは、分裂と表面的な弱さにもかかわらず、イスラームの力とイスラーム共同体の力を感じさせられたのだ。(83)

著者自身がマッカ巡礼を二度果たしているので、その高揚感は十二分に肌に浸みている。それは頭に浸みているのとは異なる実感である。百聞は一見に如かずであり、やはり実体験を超すものはなさそうだ。二度も子供心に戻してもらったので、かなり浄化されていればいいのだが。これは信と言うべきか、あるいは知の部類なのであろうか。そういった人知や常道の思考を超えたものが、自らの中に埋め込まれるのが、行ではないだろうか。

【註】

（65）『技法シリーズ』第一巻、鎌田東二「序文」、一七頁。

（66）岸田英夫「行の心理」、『岸本英夫集第三巻　信仰と修行の心理』渓声社、一九七五年。八頁。初出は、『性格心理学』河出書房、一九四七年、『宗教現象の諸相』、要書房一九四九年。

（67）幾多の刊行物があるが、本書で主として参照したのは、葉上照澄『道心―回峰行の体験』春秋社、一九七一年。光永圓道『千日回峰行を生きる』春秋社、二〇一五年。藤田庄市『行とは何か』新潮選書、一九九七年など。

（68）イグナチオ・デ・ロヨラ『ある巡礼者の物語―イグナチオ・デ・ロヨラ自叙伝』門脇純義訳、岩波文庫、二〇〇〇年。

（69）https://www.cbcj.catholic.jp/2000/01/01/2118/　カトリック中央協議会、二〇二〇年十二月一八日検索。

（70）フランシスコ・シングル編『聖地サンティアゴ巡礼の旅　日の沈む国へ』塩澤恵訳、エンジン・ルーム出版事業部、二〇〇八年。八〇、八五頁。

（71）橋口倫介『十字軍―その非神話化』、岩波書店、一九七四年。一五―四二頁参照。

（72）イスラーム側の十字軍の把握の仕方は、欧州側と異なっている。興味深い視点である。アミン・マアルーフ『アラブが見た十字軍』リブロポート、一九八六年。Carole Hillenbrand, *The Crusades, Islamic Perspectives*, Edinburgh University Press, 1999. これは六四八頁に渉る大作である。
(73) エリザベス・ハラム『十字軍大全』東洋書林、二〇〇六年。三一六―三二三頁。
(74) 同掲書、一三一―一三三頁。
(75) 前掲書、橋口、八三頁。
(76) 同掲書、九九―一〇〇頁。
(77) 本項は以下の拙著より、随所抜粋した。『イスラーム巡礼のすべて』国書刊行会、二〇一〇年。
(78) ムハンマド・フセイン・ハイカル『フィー・マンズィル・アルワハイ(啓示の降りた場所にて)』カイロ、一九三六年。七九頁。(アラビア語)
(79) 山岡光太郎については、前嶋信次編『マッカ』芙蓉書房、一九七五年。七九―八四頁。
(80) 山岡光太郎『世界の神秘境　アラビア縦断記』東亜堂書房、明治四五年(復刻版、青史社、一九八八年)。九二―九四頁。
(81) 前掲書、『世界の神秘境　アラビア縦断記』、一二七頁以下。
(82) イブン・ジュバイル『旅行記』関西大学出版会、平成四年。一六二頁。
(83) ムニール・シャフィーク『アルハッジューハワーティル・ワタッムラート(巡礼―想念と思索)』ダマスカス、二〇〇三年、三九―四〇頁。(アラビア語)

五、信と知の再構築

ア.『科学と宗教の統合』＝相互承認

本書では、信と知の両者は互いに崖っぷちに立たされている状況を種々述べてきた。それらはいずれも、人間に与えられた生存のための二大才覚であるのに、互いにいがみ合っているのは長期的に見て、全く自殺行為に等しいということは、もう記す必要もないだろう。逆にそれらが全幅の力量を発揮できれば、それでようやく正しいバランスが取り戻せるということになるのである。

このような議論と相当合致する見解が、米国の哲学、心理学者である、ケン・ウィルバー（一九四九年生まれ）の『科学と宗教の統合』によって提示されているので、本章の初めにそれを少々詳しく見てみることとしたい。それは現実的で行動的、そして不要に衒学的《げんがくてき》ではないところも好感が持たれる。なお同書は出版以来、米国でベスト・セラーとなっていたが、他にも幾多の彼の著述が邦語訳されて刊行されてきている。(84)

その見解の要点としては、次のようになる。

宗教はあらゆる分野を包摂していたが、その全体の連携の糸は、いわゆる近代の啓蒙合理主義の下で、分離・分割されてしまった。近代化とは、それらすべての差異化の過程であり、その結果に他ならない。そこでは人の持つ内面は忘れ去られ、置き去りにされた。さらには、科学は宗教に敵対的でもあった。分離・分割された後の風景は、平板な荒れ地でしかなくなった。そこへ内面を取り戻そうとする試みが、三つ出てきた。第一には、過去へのタイムマシーンであるが、ロマン主義（ギリシアへの回顧趣味であり、最近のギリシア時代前へのエコロマン思想）、第二に観念論（実践を伴わない形而上学であり、それはヨーガを欠いていた）、第三には、ポストモダニズム（平板なままであり、内面へは入らなかった）である。

そして最後に熟慮すべきは、統合という立場である。それは内面の復活と内面の調査により可能となる。前者は内面にも科学と同一の多様な展開があること（象徴、情動、感覚、魔術、神話など）を認め、後者は外面と同一の三つの基本的な要素（実験、検証、共有）が内面にも働いていることを認めることで、その統合は実現可能となるはずだとする。以上を達成するためには、科学の感覚レベル（肉の眼）、その上に芸術・道徳・論理といった心的領域（理知の眼）があり、さらにその上に宗教の霊的な領域（黙想の眼）があるが、一方本当は統合された後には別の整理がありうることを知るべきである。それは、それらのレベルの各々（感覚的、心的、霊的）もモダニティの差異化（芸術、道徳、科学）に従って分類されることとなるということである。（著者水谷注：最後の部分は要するに、たとえば科学にも、感覚的、心的、霊的レベルを認めるということ）。

以上のような展開である。ここで少々長くなるが、理解を深め、正確を期するために関連の個所を引用で紹介しておきたい。

＊宗教と科学の間の障壁

宗教と科学を統合するには、〈大いなる連鎖〉と近代の差異化を統合する必要がある。（一八頁）

（肉の眼、理知の眼、黙想の眼の新たな整序の下）ここにおいて科学は底辺の位置に甘んじるのではなく、最低位から最高位までの〈大いなる連鎖〉の各々のレベルにじかに接近する手立てを持つことになる。……これによって、知識の探求は根本から新しい方向性を与えられ、実在の探求において前近代と近代が手と手を取り合い、科学と宗教はこの上ない親密な抱擁の内に結びつくのである。（三三頁）

科学と宗教の統合に必要なのは、超論理的な宗教を新たな独白的パラダイムに還元する試みではない。そうではなく、私たちに必要なことは叡智の伝統の核心―つまり、独白的なもの〈肉の眼〉、対話的なもの〈理知の眼〉、超論理的なもの〈黙想の眼〉を含む、

〈存在の大いなる連鎖〉――に注目し、それを通じてモダニティの差異化（芸術・道徳・科学という価値領域の差異化）を再考することである。（五三頁）

＊近代の意味

（水谷注：内面は外面に還元化された）これこそまさにモダニティの災いである。その災いとは、「世界の脱魔術化」（ウェーバー）、「科学による価値領域の植民化」（ハーバーマス）、「荒れ地の出現」（エリオット）、「「一次元的人間」の誕生」（マルクーゼ）、「世界の非神聖化」（シュオン）、「質を剥奪された宇宙」（マンフォード）であった。（九八頁）

＊内面復興の試みとしての観念論

かくして、観念論者の「超個的な知識」は、それを再体験する指示（またヨーガ）という真正な手段を欠いていたため、「単なる形而上学」として片付けられてしまった。このことが、カント以降のあらゆる哲学の運命を決したのである。ある意味では、まさに真正な霊的指示（実践、模範、パラダイム）を欠いていたため、観念論者たちは、少なくともこの点に関して「単なる形而上学」に陥っていたとも言える。なぜなら、「悪い」意味の形而上学とは、検証する手段のない（妥当性の根拠や実際のデータや証拠を集める手段がない）思考体系のことだから。現実的で直接的な体験的証拠を再現的に生み出す手段がなかったため—霊的直接体験を一貫して伝える手段を欠いていたため—観念論はこの点では経験的に承認したり反証する手段のない抽象的な思弁に堕してしまっていた。（一四五頁）

＊近代の風景は平板

あらゆるものがもっとも平板な表層に還元されてしまった。「内側には何もない」というのは、モデニティとともに始まり、極端なポストモデニティによって実際に増幅され賛えられてきた、フラットランドの完璧な描写である。すなわち、「人が見出すものは、表層、表層、表層だけだった」。（一七五頁）

＊科学者たちの内面拒否は不当

もちろん、これらの（水谷注：科学者たちの）反論—いかなる内面もない、たとえあったとしても、立証できない—は両方共根本的に間違っていると、私は確信している。とはいえ、それらは科学と宗教の結婚への道をさえぎる、強化レンガの壁のようにたちはだかっている。（一八六頁）

科学は経験世界にアプローチするのに、テンソル計算法から虚数、そして広範な間主観的言語記号から微分方程式までのあらゆるものを含む厖大な概念装置を用いている――そのほぼ全部が内面空間にのみ見いだせる非経験的な構造である。それなのに、驚くことに、科学は「与えられた」世界のそこここに「見出せる」ものをただ「報告」していると主張する。色のついた斑点しか与えられていないのだが。（一八九―一九〇頁）

経験科学は自分自身の客観的活動において、これらの内面的（主観的および間主観的）領域に依存している。しかし、それらは単純な独白的・客観的・感覚運動的方法では接近できないため、粗野な形態の経験科学はこれらの内面―自分自身の活動を可能にするだけでなく、〈コスモス〉の内部が含んでいる内面―をただ丸ごと拒否しているだけなのである。……こうした自己破壊的な還元主義は真の科学ではない。（一九一頁）

＊科学的方法の三要素

科学的方法一般の本質的要素とはどのようなものか、ということから始めよう。こうした要素を抽出できれば、次に、それらが内面的領域に等しく適用できるかどうか。外面と同じ信頼度で内面を合法化できる方法を提示してくれるかどうかが分かるだろう。さらには、その新たに合法化された内面のどこかに隠れて、輝ける〈神〉の意識が待っている可能性もある。……科学的探究の三つの本質的側面だと筆者が確信していることを列挙する。……（以下適宜、著者水谷が略記）1．介助的指示（手本や実験・実践）、2．直接的感受（直接的体験やデータの検証）3．共同体的確認（データの照合と共有）。（二〇二頁）

＊互いの譲歩―経験の幅の拡張と検証の受け入れ
　科学と宗教が統合されるとしたら、どちらも最低でも少しは譲歩しなければならない。……私たちは、科学が偏狭な経験主義（感覚的経験のみ）から幅の広い経験主義（直接経験一般）へと発展することと以上のことを求めていない。……しかし宗教も少し譲歩しなければならない。この際、宗教は自らの真理性の主張を、経験的証拠による直接的な検証―または否認―に委ねなければならない。宗教も科学同様、有効な知識全体の三つの要素を採用し、その主張を直接体験に結びつけなければならない。（二〇九頁）

＊直接体験としての宗教
　宗教がモダニティにもちこたえ、モダニティが崖っぷちで必要としているもの―霊的領域を前面に出すための検証可能かつ反復可能な正真正銘の指示―を提供できるのは、

宗教がその心と魂と真髄—すなわち、肉の眼（これは科学に仕える）でも理知の眼（これは哲学に仕える）でもなく、黙想の眼によって開示される神秘的直接体験や超越的意識—を強調するときだけなのである。（二一七頁）

私たちが第一に見逃すことができないことは、偉大な伝統の創始者はほぼ例外なく一連の深遠な霊的体験を経験していることである。彼らの啓示、直接的神秘体験は紅海を割るとか豆の栽培法とかについての神話的宣言ではなく、〈神なるもの《ディヴァイン》〉（スピリット、空性、神性、絶対者）の直接的な理解であった。その頂点における理解は、個と〈スピリット〉の直接的な合一ないし同一性に関わるものだった。その合一とは知的な信念として頭でとらえるのではなく、直接体験として生きられるべきものである。それは、まごうことなき存在の「最高善《スムム・ボヌム》」、途方もない合一の中に投入している幸運この上ない魂に大いなる解放、再生、改心《メタノイア》、悟りをもたらす直接認識であり、基盤、ゴール、源泉、世界全体の救いとしての合一である。（二一八頁）

＊瞑想の眼

結論は明白だと思われる。黙想の眼を捨て去れば、宗教には理知の眼—宗教が近代哲学によって八つ裂きにされている領域—と、肉の眼—宗教が近代科学によってさんざん笑いものにされている領域―しか残されていないのだ。宗教に唯一固有のものが何かあるとすれば、それは黙想に他ならない。しかも、適切に行われる黙想の眼は、有効な知識の三つの要素を順守する。このように宗教特有の永続的で偉大な強みは、それが核心において霊的経験の科学だということなのだ（「科学」という言葉を、指示・データ・反証可能性という三つの要素に従うあらゆる領域の直接経験という広い意味で使っている）。（二一九頁）

要点はこうだ。瞑想の指示ないしパラダイムに取り組みなさい。次に、意識が霊的データの信じられないほど精妙な現象を識別できるようになるまで、その認識道具を使い、鍛えなさい。さらに、同様の実践に取り組んでいる人々とともに自分の観察を点検しなさい。数学者が同じ指示を遂行している人々と内面的証拠／証明を点検するのと同じように。そして、自分の結果を確認するか捨てなさい。そうした超越的なデータを検証するうちに、〈スピリット〉の存在が根底から明らかになるだろう―少なくとも、肉の眼にとって岩石が、理知の眼にとって幾何学が明瞭であるのと同じくらい。（二二四―二二五頁）

＊神の存在証明

西洋では、カント以降―そしてモダニティの差異化以来―宗教（そして形而上学一般）

にとって厳しい時代が続いている。そうなっているのは、まさに黙想の眼でしかできないことを理知の眼でやろうとしてきたからだ、と私は主張する。実際は形而上学的なものを伝えられないにもかかわらず、頭脳は「できる」と大声で主張し続けているせいで、それはおかしいと思った人が現実的な証拠を要求することにしたのだ。カントがそれを要求し、形而上学は—当然であるが、典型的な形で—崩壊した。（二二五頁）

感覚的経験主義も、純粋理性も、実践理性も、いわんやそれらのいかなる組み合わせも〈スピリット〉の領域をのぞき込むことはできない。カントが残した煤けた廃墟の中で唯一可能性のある結論は、未来の形而上学と真正の霊性はすべて直接的な経験的証拠を提示しなければならないということである。それが意味するのは、感覚的経験と感覚的経験主義（科学的・実用的）および心的経験と心的合理主義（理論的・実践的）のほかに、霊的経験と霊的経験主義（霊的実践とその経験的データ）が存在しなければならないということである。（二二五—二二六頁）

＊スピリットの表情

時が生まれる以前、まさに時の始まりから、〈美〉〈善〉〈真〉は私たち自身の真なる存在のもっとも深い源から私たちに囁きかけ、私たち自身の領土（estate）のただ中から私たちに呼びかけている〈スピリット〉であった。その囁く声は常にこう言っていた。無限を愛せば、そこに私を見出すだろう。永遠に愛を寄せるとき、私はそこにいるだろう。〈コスモス〉の制約なき一隅を愛するとき、すべてがあなたに明らかになるだろう。（二五九頁）

以上のようなウィルバーの分析と主張に対する、反応と評価は次のようにまとめられるだろう。

①ウィルバーは、明快で縦横に筆を伸ばしている。その主要点は、本書で初めから述べてきたことと、大枠として平仄が一致していることに注目したい。宗教の覚知は人の〈瞑想の眼〉によるとするのは、著者（水谷）が本書第二章第二節において「宗教的直観」と表現したところと相通じている。

それにしても宗教の本質としてウィルバーも挙げている、霊的体験がどのようなものなのか。彼はヨーガも座禅の修行も実践してきたとのことで、次の一節を読むと、確かに彼はツボを押さえているとは思われる。

典型的な禅の話は、弟子が深く悩んでいる疑問を師匠に真剣に問い質すことから始まる。たとえば、人生の意味は何か、私はどうしてここにいるのか、ブッダとは何か、それはどこにあるのか、といった疑問である。師の方はそれに対して質問で答えるかもしれない。師の答えは、非常に率直なもの（「知りたがっているのは何者だ？」）もあれば、見事に意味を成していない（「片手で手をたたくとどんな音がするか？」）ものもある。これらはみなある意味では、「お前の霊的な理解を今すぐ示せ！」のヴァリエーションである。（二二二頁）

しかし彼自身の筆では、この節とその前後、そして先に引用した『科学と宗教の統合』の二一八頁に掲げられた部分しか言及はない。霊的な直接体験の様子をもう少し描写してほしかったという読後感は強く残される。

②ウィルバーは、宗教と科学は互いに反目するのではなく、少々互いに譲歩すべきだとしている。それは宗教も検証のテストをパスしないような逸話や神話を棚に上げること、そして科学も研究の対象に人の内面を取り込むこと、その結果双方の関係は糸でつながれる、すなわち「宗教と科学の統合」（この書の原題は『感覚と魂の結婚―宗教と科学の統合』であり、その副題）が達成されるというのである。従ってかれが言う統合というのは一体化することではなくて、相互に手の内を見せあって肝胆相照《かんたんあいて》らすこと、そして互いの存在と意義を認め合う、

つまり相互承認を指していると理解される。そうであれば、それは本書第二章第一節で述べたことと、瓜二つということになる。

ちなみに本書第二章第一節で取り上げた河合隼雄氏も「宗教と科学の互いの譲歩」を対話のための前提として求めていたことが想起される。このままでは「互いに偉すぎる」というのが理由であった。しかし「互いの譲歩」や「互いに偉すぎる」との両表現とも、分かりやすさは良いのだが、今となってはあまりに文学的なものに過ぎなかったというべきであろう。ウィルバーの自問自答によって、ようやくこれら両表現の具体的な内容が明らかになったと言ってよいと思われる。

③ウィルバーの結論は端的に言うと、「西洋の啓蒙と東洋の悟りの統合」(二七一頁)ということになる。この結論を得るために、かれはあらゆる学問分野と知的作業を網羅した一覧表を作成して、そこで交通整理をすることにより壮大な思考の枠組みを作成した。その枠組みでは、人の心の内面と外面に分け、さらにそれを個と集団に分けるので四分割される。内面の個は感覚、情動など、集団は魔術的、神話的など、外面の個は細胞、神経組織など、外面の集団は家族、国家などである。これらの項目の全体像は示されていないが、恐らく膨大過ぎるのであろう。できれば、デジタル資料としてでもそれは公開してほしいものである。かれはこの一覧表に従って、各領域(象眼)にある全項目を三要素―実験、検証、結果の共有

―により調査し、整理と研究を進めるべきだとしているのである。

このような全体の調査、整理と研究が進展したとしても（それはできるとしても、途方もない長時間がかかるだろうが）、著者（水谷）にはとても文字通りの科学と宗教の統合（結婚）までは考えが及ばない。それは互いに承認するということであり、一体化ではあり得ない。というのは、それぞれが固有の手法や根拠（理知と直観）に軸足を置いているからである。それらは互いに全存在を覆う大きな宇宙的な連鎖関係（あらゆる電磁波や電子などの種々の関係を含むとしてだが）にあるとは言えるが、そのような薄くて細い連携の糸を除けば別物なのである。

統合といった文学的な表現に拘《こだわ》り、淡い夢を持つとすればそれは戒められることとなる。

④ウィルバーが対象としているのは、いわば宇宙全体である。およそ人が思い当たるあらゆる学問分野と知的作業を網羅した一覧表を作成して、それに基づきつつどうすれば新たな視野と展望が開けるかを検討した結果である。それが彼の提唱する、科学の三要素の適用ということであった。ということは、対称は何も宗教関連事項に限られないということを改めてここで確認しておく。科学自体もその対象になるからこそ、科学における霊的側面も研究テーマにすべきだということに結びつく。こうして全宇宙的に間口が広いのが、彼の枠組みであり、このままではとても収拾がつかないということになる。言い換えれば、この枠組みは宗教研究にも科学的三要素を適用するという新局面を説いてはいるが、全体の計画として

は、遺憾ながら実施は宇宙的広大さを伴うので、難しいということになる。確かに新規の構想であることは間違いないが、遺憾ながらこれがウィルバー学説の難点ということになる。またそれを裏からいうことになるが、彼自身は構想を述べてはいるが、その実践はまず視野に入れていないとしか言いようがないのである。

⑤ウィルバーの壮大過ぎる一覧表に惑わされることなく、積極的に評価され、具体的に着手できる側面が三点あげられる。第一は、信と知の統合であり直接体験としての、行の実践ということである。ウィルバーが指摘する、観念論者の反省点である「ヨーガが欠けていた」に共鳴するのである。第二には、信仰に実証、検証、共有という科学の三要素を取り入れることである。瞑想の過程と究極点は、感覚世界の言語表現になじむとは限らない。図示など特有の表現も考えられるが、精査・共有により他者への伝達が望まれる。第三の側面は、科学研究の対象範囲を拡張して、感性や情動など人の内面を取り込むことである。以下においては、これらの側面も視野に入れて論述を進めることとしたい。

イ．有事と平時の行＝共鳴する信と知

・有事の行

前章の初めに、次の「行」に関する一文を引用した。

もちろん、修験道は今日的な意味での厳密な「科学（サイエンス）」ではないが、科学が事象の正確で精密な観察や理解から始まってそのメカニズムを解明し、人間世界に活用させようとするはたらきであるとするならば、修験道にもそのような意味での科学性はある。……修験者は「山伏」、つまり山に伏して、歩き回り、よく見、聞き、祈り、その力と知恵を生きる糧とする。……日本の古代中世科学という側面を持つ修験道を現代科学と接続する道を探りたいのだ(85)。

さらに行は、信と知の統一であると出てくる。それは比叡山の千日回峰行を満行した葉上照澄師の言葉であるので、大変な重みを感じずにはおられない。

ただここで問題となるのは、人間二つの事を同時に、うまく考えながら進むということが、可能か否かということである。……例の科学と信仰のごとく、二つを同時に考えることは、なかなか困難なことである。それがためには、時間的交互にやっていくとか、段階的に集中点を替えるほかはないかもしれない。しかもこれを救うのは、ただ、この行のみと思う。行と学との統一さえも、この行によると考える(86)。

これは以前に見た個所ではあるが、軸となる言葉なので再度引用した。ところが同人は一方では、回峰行は確かに身体的に大変で、特に一年目は足が痛くて死ぬ思いだったとしつつ、しかし身体的な苦労はあるが、頭の中は空っぽで済むので、気持ちはまとまって気楽なものだったともしている。驚くほど気さくで、率直なものの言い方である。

そして何年かして慣れてくるころから峰や谷で読経するたびに、それまで学んできた教説のありがたみや真の深い意味合いがくみ取れるようになってきたということである。読んでいて、理解するのに素直に読者の気持ちに直ちに飛び込んでくるところは、さすがに説得力があると感心させられる。実際に回峰行をしていない人の方が圧倒的に多数であるので、著者（水谷）もその一人として感心し、感服させられるのである。

ところで初めの引用の筆者鎌田東二が修験道は中世科学であるとする考えも、後の方の葉上照澄師が言うところの「行と学の統一」というのも、さらにはウィルバーの言う宗教と科学の結婚も、文字通りの一体化や統一でないことは明らかだ。それは行における頂上感覚が、学んできたことと共鳴し、そしてそれが発酵して、一気にすべてが明澄になる、といった類の格別の感覚なのであろう。それはウィルバーの言うところの、観念論には「ヨーガが欠けている」ので、瞑想の眼で見直す必要があるということと比定して差し支えないだろう。

ちなみに葉上師の引用中から直ちに想起されることは、頭が空っぽになっている状態であるが、それは要するに童心に戻っているという状態なのであろう。赤子の心を取り戻すことが信心の効果として挙げられることは多い。イスラームの巡礼もそうである。著者もそれを実感した経験がある。ところが、この回峰行の著者の語るところは前に見たが、次のように出てくる。

（法然上人が言われたように）「一文不知の尼入道と身をなす」ことができますか。近代人になんてできやせんのです。どうしてするのや。—その一つの方法が、私らみたいな行じゃないかと思うんです。阿呆になるための一つの姿です。……その赤ん坊のような心にならなかったら、天国に行かれないと聖書にもありますが、今さら赤ん坊の心になれるはずがありません。アカがついて、心臓に毛がはえているでしょう、お互いに。それが赤ん坊の心になれるはずがないが、こんなこと（行）がたとえば一つの方法じゃないか、と思うんです。(87)

改めて率直さに驚かされると同時に、逆に赤子の心の大切さをうまく説いていると思われるので、ここで再度記載した次第だ。そうすると、行においては頭の中が空っぽになる思いをして、それは赤子の心でもあり、その中で信と知が共鳴して、肝胆相照らすという状態になると表現して差し支えないのであろう。

・平時の行

ところで以上のような意味合いと位置づけにある行に関して、時代や場所に関らず大きな特徴はほとんど常に人の死に直面しているということである。生きるとは、死ぬことと裏腹にあるものだけに、それは個人の選択ではなく、自然的な結果であるという意味でも、生死は裏腹である。行はそれを反映しているだけかも知れない。千日回峰行の最後の儀礼は、一〇万本の護摩を焚《た》くこととなっているが、その途中に大往生した行者もいたとのこと。あるいは、回峰行者は、行が果たせない場合に自刃《じじん》するための短剣を持って回峰することになっている。アラビア半島の砂漠地帯におけるイスラームの巡礼は、今では往復は飛行機で簡単、安全になったが、昔日は途次の盗難、疫病など、命を懸けての大旅行が常であった。

行や儀礼というとこのように、死と直面し、あるいはともかくも大災害などの異常事態を背景とすることがよく想定される。そこで頭を巡らせたいことは、それらのいわば有事の行ばかりではなく、われわれの身近な形として、もっと平時の行を目指すことはできないものかということである。常々行い得る行とは、多言を要しない。それは他でもない、日々の祈りである。それも祈ることとしきりということで、「日常の中の祈り、祈りの中の日常」という姿を想定したい。これは著者（水谷）の自宅近くの寺院の入り口近くに掲げられている標語であり、作者不明のままである(88)。

祈るとは要するに、絶対者への感謝と嘆願といえる。それを主との信者の内面的な対話と表現することもできる。祈る内容は、人それぞれで、一律なものは語れない。その実際のところが多岐に分かれる様子は、著名な宗教学者ハイラー（一九六七年没）による大部の著作『祈り』が刊行されているので、それを一見するのが早い。そこでは宗教の中心現象として祈りを取り上げて、未開人の祈りから始めギリシア時代に及び、その後、神秘主義の祈りと預言者的信仰における祈りを分析している。峻別しようとしているのは、ハイラーの言う本源的な祈り、つまり生存を懸けた、止むに止まれぬ祈りと、それから発生するより社交化された、儀礼としての祈りである。後者には真の祈りとしての意義は認められないとしているのは、なかなか手厳しいものがある(89)。

祈る人間は、こうした人格的な神がとても近くにいると感じる。未開人は、神が目に見える場所にいると信じ、祈ろうとする際にはその場所に急いで向かうか、あるいはその場所の方へ手を差し伸べたり、眼差しを向けたりする。宗教的天才は、自身の心の静けさや深い魂の根底に神の現前を体験する。しかし、どの場合にも、神が現前するという畏怖と確信に満ちた意識こそが真の祈りと体験の基調音をなす。祈り手が呼び掛ける神は確かに超感覚的なのだが、敬虔なる者は、あたかも生きた人間がこの者の前に立つかのような、疑いを挟む余地のないほどの確かさとともに神の近さを感じるのだ。（五二三頁）

他方では仏教の座禅も祈りの一類型だと説明しているのは、特に日本人にとっては全体像が明確になって助かる。

仏教は神や恩寵に対する信仰を持たない救済宗教であるが、その瞑想も最高善に対する人格的な関りをもたない瞑想ないし観想である。感情を動かさずに「苦」について省察することによって、修行僧は歓びに満ちた平静へと昇ってゆく。そして平静から聖なる無感動へ、無感動から涅槃へ、つまり完全な消滅ないしは風化に至るのだ。（五一八頁）

それでは祈りにおいては、何が生起しているのだろうか。これも万人の差違があるのであろうが、気持ちとしては、お願いしてあるということからくる安堵感が挙げられる。場合によっては、義務を果たしたという達成感も湧いてくるだろう。そういった気持ちは、言い換えれば日頃学んだ事柄を復習し、確認するという知的な側面と連動もしてくる。そのように意識するかどうかは別だが、それは他でもない、信と知の相互承認に当たり、双方が肝胆相照らしている状態にあると言える。

この点についての、ハイラーの表現は次の通りである。

祈りの中で人間は天へと昇り、天は地へと降りる。可視的な世界と不可視な世界を隔てるヴェールは取り払われ、人間は神の前に立ち、みずからの魂の救いと至福について神と語らう。（五三〇頁）

ここで目を転じて、本書第二章でしきりに見た、祈りの科学的な研究について振り返ることとしたい。それは遺伝子レベルの効果を計測するものであった。

ちなみに祈りを上げることからも、免疫力活性の上昇が報告されている。人が祈ると特定の遺伝子を活性化させる、その遺伝子はウイルスの増殖を抑え感染した細胞を除去するので、修行僧たちは祈りや瞑想によって自然免疫系が全体に活性化されているというのである。さらには、修行によってある心理状態が作られるが、喜怒哀楽の「心」よりも深い、「魂」と呼ばれるものがこのメカニズムに関わっているかもしれないとされる。つまり分析のメスはやがて、「魂」にも分け入るということになっているのだ。[90]

こうして行の経験的知見と純科学的研究の双方のにじり寄りが今後大いに期待される。それは互いに、肝胆相照らすことである。つまり互恵的なのである。

なお拙著『祈りは人の半分』において、人は自然に祈っているのであり、従ってそれは人の半分であることなど、全幅に論述したので、ここではこれ以上は記すことを控えたい。ただし一点、それは各自の祈りも実験、検証、共有されうる情報化のプロセスをできる限り尊重してはどうかということである。これは右の拙著には触れていないが、ウィルバーの示唆によるものである。そのような「科学化」の過程を踏むことによって、自分の祈りを客体化し、共有財産化に努めることは、先々裨益するところがあるものと期待されるのである。

ウ．「信仰学」の樹立＝互恵関係の信と知

信仰の世界は、学問の対象にならないのか、あるいはそれを扱ってはいけないのか？　これについて従来は、否定的な回答が与えられてきたと思われる。かつては日本の宗教学の大

御所とされた、東京大学名誉教授の岸本英夫氏のことについては前に触れた。もう一度、かれの在り方をその友人が語っているのを事例として見てみる。

宗教がないとか、何とか言う言い方は、まさにインテリの見栄である。私はその見栄をとってほしいと思う。私が、こうやって頭を剃って修行するのは、もっと素直になろうという意味である。たとえば、ガンで死んだ東大の宗教学の主任教授の岸本英夫君は、私の高等学校からの友だちであるが、可哀想に学問があるものだから、どうしても宗教の醍醐味にとけ込めない。いくら言ってもだめだ。そのインテリの鎧をとってしまえというところである。(91)

随分とあからさまな言い方だが、これは満行を果たした阿闍梨のものの言い方なのである。同氏に関しては、別の興味深い叙述がある。それは授業において岸本氏は、しきりに次のように説いていたというのである。

宗教学者は宗教をもってはならない。入信することにより、自分の宗教という色眼鏡を通して他の宗教を見ることになるからである。そのため、宗教学のもつべき学としての真理の把握に不可欠な客観性が損なわれる。しかし、他方では、信仰をもたなければ、その宗教の秘奥はつかめない。これが宗教学者のディレンマである。[92]

しかしこの碩学も、死に直面しては、相当な心境の変化を見せたのであった。

死とは、この世に別れを告げるときと考える場合には、もちろん、この世は存在する。すでに別れを告げた自分が、宇宙の霊にかえって、永遠の休息に入るだけである。私にとっては、すくなくとも、この考え方が、死に対する大きな転機になっている。[93]

ここにおいては、「宇宙の霊」であるとか、「永遠の休息に入る」といった極めて宗教的な発想を取っているのである。死がかの大学者の気持ちの持ち方にも、不思議な転換をもたらしたと言えよう。このようなほとんど転換と言っていいような変化が、誰の心にも起こるのかも知れない。宗教に帰るという現象は、人として自然であり、「鎧」で身を固め、無理に避けようとするものではないとの証左であると、著者（水谷）には見えてくるのである。

さらに学問と信仰に関する発言を見よう。

祈りは人間と永遠なるものの神秘的な結合である。そのようなものとして、祈りは理解を超えた奇蹟、奇蹟の中の奇蹟であり、しかもそれは日々の敬虔なる人間の魂の中で実現している。宗教学的な祈りの探求は、この奇蹟を認識することへと向かう。宗教史家や宗教心理学者は、この祈りの中で明らかになる深く力強い生について証言したり、その内容を通訳したりすることしかできない。何故なら、祈りの秘密の中へと分け入ることは、宗教的人間が持つ特権であるからだ。しかし、学問的研究もまた、最後には生きた信仰において感得されるのと同一の印象に圧倒されることになる。(94)

信仰を学問すること自体は、もちろん信仰そのものではない。しかし「鎧を取って」学問することは十分可能であり、その極地には研究者も宗教者と同様な感慨や宇宙的な永遠を感得することもあり得るというのが、以上のまとめとであろう。そのことは、信仰を持つことで客観性を失うことを是認するのとは違う。色眼鏡で見ないというのは、研究者たる矜持であり、自己存立の原点でもある。

他方、「宗教学者のディレンマ」が不可避という指摘も当たっており、同種の事例は画家と美術研究者や音楽家と音楽研究者の間にも、全く同様に成立する話である。さらに言えば、政治学者と政治研究の間も同様であり、広くは人文科学、社会科学のどの分野にも、このデイレンマは存在している。その意味で、何ら格別の孤立感や物足りなさを感じる必要はないということになる。他方では、信仰の「秘密の中へと分け入る」こととは別に、当然宗教研究者にも独自のやりがいや、楽しみがあるというのは、どの学問分野でも言えることであろう。つまり、新たな学説の確立や、自らの評価や分析の提示という、学業の達成である。

こうして、信仰学の樹立を呼び掛ける段階となった。その存立の根拠であり大目標は、宗教の真理解明であり、その知見の共有による、人類智の拡張である。それは人間存在の根源に戻る、様々な側面と真実を明らかにしてくれるであろう。そのために考えられることは多々あるし、それらは従来の諸研究をないがしろにするものではない。

・ケン・ウィルバー方式に倣って

信仰学を進める一つのアプローチが、本章の初めに見たウィルバーの提唱するところである。つまり彼は、信仰を含めて宗教を、科学の三要素―実験・実践、検証、共有―に従って研究することが必要であるとしていた。

信仰の外面に見える実践としての行には、座禅、巡礼、喜捨、断食、日常の祈りなどが知られている。もちろん信者の日々の言動全体も、行として捉えるべきかもしれない。そうなるとあらゆる言動がそれにあたることになる。またそれぞれの霊的経験に伴う、内面的な営

み も大きな比重を占める。それには様々な感情や心の揺れと襞《ひだ》が刻まれている。そしてそれらの一つ一つの様子を記録し、検証することになる。もちろんすべてとはいっても、実際はそのいくつかを選択して研究対象とすることにならざるを得ない。

何を選択するにしてもそれは、実証段階としての特定の宗教実践の文字化、図式化であり、総じて記録化と情報化である。記録されたものは検証を経て共有されるので、それは新たな公共財となり、より広く享受されることとなる。つまりウィルバー的に表現すると、客観的な科学になるということである。

①図式化の諸例

図式化と言えば、例えばイタリアはアッシジ聖堂にある、聖フランチェスコ（一一二二六年没）の諸言行の壁画はその好例である。それは彼の日々の色々の場面を描いているが、写真は小鳥と話をするところである。それは彼の信心の純粋なことを示して余りある。彼の信心は、自然に溶け込んでいるとも言える。日本で言うと、小林一茶（一八二七年没）の「痩せガエル　負けるな一茶　ここにあり」の精神と言えよう。これをウィルバーのいう「瞑想の眼」とまで言えるかどうか別として、言語表現を超えた世界を指し示していることは観取される。

更にもう一つ図式化の事例を挙げてみよう。

写真7　聖フランチェスコの壁画

禅の瞑想の過程を表現した、十牛図《じゅうぎゅうず》というのは知られている。それは悟りにいたる一〇の段階を図示したものであるが、「真の自己」が牛の姿で表され、真の自己を求める自己は牧人の姿で表されている。第八図が無意識の世界に入るという意味で、この過程の頂点と位置付けられるようだ。

各図の詳細を検討するのはここで課題ではないが、概要は以下の通りである。

一、尋牛―仏性を図示した牛を見つけようと発心したが、牛は見つからない。

二、見跡―経や教えによって仏性を求めようとする。

三、見牛―行で、牛を身の上に見た心境。

四、得牛—牛を捉まえても、それを飼いならすのは難しい。
五、牧牛—捉まえた牛を放さないように抑えておく。
六、騎牛帰家—牛飼いと牛は一体となり、牛を抑えることもない。
七、忘牛存人—家に戻れば、牛を捉まえてきたことを忘れる。
八、人牛倶忘《にんぎゅうぐぼう》—牛を捉まえた理由を忘れ、捉まえた牛を忘れ、捉まえたことも忘れる。忘れるということもなくなる世界。
九、返本還源《へんぽんげんげん》—清浄無垢の世界から、ありのままの世界が目に飛び込む。
十、人鄽垂手《にってんすいしゅ》—悟りの後、世俗の世界に戻り人々を悟りへ導く。
これにより、悟りの世界はかなり広く人々に、その思考回路を後追いする手立てが供給された。ここで重要なことは、図式化して、それが人びとに共有される、つまりそれはウィルバーのいうところの科学化であるという点である。この種の試みがさらに宗教実践の各方面で進められてよいということである。

②文字化
ただしそうは言っても、座禅の瞑想の理解というのは、まったく異世界である。それは一義的には、感覚的な眼や理知的な眼ではなく、瞑想による観照の世界である。そこでは通常

写真８　十牛図

①尋牛図
②見跡図
③見牛図
④得牛図
⑤牧牛図
⑥騎牛帰家図
⑦忘牛存人図
⑧人牛倶忘図
⑨返本還源図
⑩人鄽垂手図

の、山といえば、川と答える現世的なやり取りではなく、一歩も二歩も下がった形での師僧とのやり取りとなる。それは表面的に真似をしても意味はなく、そのような皮相な言説は直ちに喝破《みやぶ》られることとなる。それではどうすればいいのか？　どこにも即答はない。ウィルバーはこう言っていた。

典型的な禅の話は、弟子が深く悩んでいる疑問を師匠に真剣に問い質すことから始まる。たとえば、人生の意味は何か、私はどうしてここにいるのか、ブッダとは何か、それはどこにあるのか、といった疑問である。師の方はそれに対して質問で答えるかもしれない。師の答えは、非常に率直なもの（「知りたがっているのは何者だ？」）もあれば、見事に意味を成していない（「片手で手をたたくとどんな音がするか？」）ものもある。これらはみなある意味では、「お前の霊的な理解を今すぐ示せ！」のヴァリエーションである。(95)

これは前に見た一節であるが、こういったやり取りが文字化されて共有されると、かなり理解の助けになるだろうことは、十牛図と同じである。禅修行の様子といえば写真や映像ではしきりに見ることができるが、原資料は読める資料にはあまりなっていない。そもそも言語化すること自体に、固有の抵抗感があるのではないかと思料されるが、その抵抗感も素材として見直すこともできる(96)。

よく知られた修行僧の禅書としては、『碧巌録《へきがんろく》』や『従容録《しょうようろく》』や『無門関《むもんかん》』などがある。このうち最後のものは、宋の禅僧無門（一二六〇年没）が著したが、それは弟子たちとのやり取りを続けているうちに、自然に収集されたものであった。宋時代の中国の口語も含めた文体で、逆に今となっては解釈が困難になっている面もあるという代物《しろもの》である。四八の各公案は、問題としての話と、無門による批評、それに歌を加えた体裁となっている。

当時は乱世であり、そのような時代風潮の中に生き抜いた托鉢僧の残したものである。自然な進展だけに、そこには特段の順序は見られない。ここではその日本語訳である『禅問答四八章』を見ることとする。小振りな新書本であるが、「瞑想の眼」の文字化ということになる(97)。

まずはこの公案の二例の抄訳を、直接に読んでみよう。

一　趙州《じょうしゅう》と犬

（師匠の）趙州にひら坊主がたずねた。「犬にも仏の性質がありますかね？」趙州がいう、「無じゃ！」

無門がいう――禅には開祖このかたの関所《せきしょ》があり、悟るためには行きづまらねばならぬ。

関所も通らず、行きづまりもせねば、まったく草木同然のたましいだ。

ところで、その関所とは何かというに、ただこの「無《む》」ということ、これがこの宗の関所だ。だからその名も「禅宗無門関」。通りぬけた者は、趙州に会えるばかりか、代々の祖師がたと手を取って行き、まゆ毛がくっつき、おなじ目で見、おなじ耳できく。すばらしいではないか！　通ろうとする者はないか？……

歌に―

犬も仏も、
これこのとおり。
「有無」をいうたら、
ほろびるいのち。（一四―一五頁）

三八　牛が窓を通る

五祖さまがいう、「たとえば大牛が窓ゴオシを通り、ツノも四つ足もみな通って、どうして尾っぽが通れないのか？」

無門がいう―もしこの点にどうにか見とおしがつけられ、言い切りができれば、社会の恩にむくい、人のためにもなる。もしそこまで行かねば、もっと尾っぽをながめねばならない。

歌に――

通れば穴に落ち、
もどればブチこわし。
尾っぽの一本が、
なんともさて怪し。（九八頁）

こういった調子である。延々と四八問も続けることは、ここでは不要であろう。問いもそれに対する答えも形式論理ではない。答えはすべて師匠の感覚でしかないが、結局、悟りを開いた師匠が大所高所より観察していて、その是非を問い、回答を示すという恰好である。そうするのは、普遍的な問いに対して個別具体的な回答を与えていると考えられるので、形式論理に慣れきった立場のわれわれ現代人には、相変わらずその含意が了解しにくいということになる。

しかしここでのポイントは、そのような特有の困難性は残るにしても、それでも文字化によって相当の距離が縮められたということである。そして十牛図と同様に、それを通じて、禅修行における霊的体験、真理の覚知、「瞑想の眼」の経験の香りをかぐことができるという寸法である。しかし欲を言えば形式論理でなくとも、さらにさらに共有化できるとすれば、それはウィルバー流に言うと、禅の「科学化」になるということになるのであろう。

・著者水谷のイスラーム信仰学

それでは次に、著者自身が以前に詳説したことのある、イスラームにおける信仰学の概要をもう一つの信仰学へのアプローチの事例として記してみたい。ただしそれは、未だ信仰学を宣言する以前の段階で、色々のケースを枚挙する意図であったので、イスラーム緒論と称していた。そしてそれを、信仰論、倫理道徳論、精神生活論、体験論の四分野に分けて、概要を記した。[98]

①信仰論

信仰箇条を整理し確かめ、その内容の全貌を正確に把握することは、いずれの宗教でも必須の作業である。さらには、信仰という営みは何をどうすることか、なぜ人はそれを求めるのか、またそれには程度の差があるのか、あるとすれば最も篤い信仰とは何か、また逆に信仰から離れるケースはどのような場合か、などのテーマに広がる分野である。[99]

著名なものとしては、一四世紀のイブン・タイミーヤが『信仰論』[100]を著し、信仰の三段階、不正や腐敗、そして信仰と勤行の関係などの諸点を論じた。また現代の教科書的な出版物として簡潔にまとめられ、手頃なかたちで普及しているのは、二〇世紀のナイーム・ヤースィーンの『信仰論』である。[101] あるいは九〇年代以来、闊達な自由主義的方向の議論を展開し、二〇一一年のエジプト革命の後、憲法起草作業に加わったファハミー・フワイダの『信心の欠落』なども、現代という宗教受難の時代を憂慮する話題作であった。[102]

現代の教科書的な表現として、信仰とは「(アッラー、見えない天使や悪魔、啓典、預言者、最後の日、運命の六箇条を)真実であると信じ、自らの言動を信心に即したものとすること」であると定義される。また信仰とは、「舌で言う言葉やただ天国を信じることだけではなく、それは心を満たす信条である。またそれは太陽の光が発散し、バラの香りが漂うように、外に溢れ出てくるものである。」と熱く語られている(アルサイイド・アルサービク『イスラームの信仰箇条』)。[103]

各地で使用されているドゥアー(祈願)の言葉などは、まさしく生活実態を反映するケースも多いが、このドゥアー集を体系的に研究するのもよい課題である。また各地のマスジドにおける金曜礼拝の際のフトバ(説教)も、重要な素材となると思われる。さらには随時出されるファトワー(法勧告)については種々編纂されて出版されているが、これは社会経済や法学的な視点から相当研究対象として取り扱われてきている。他方同時にそこには、しばしば信仰心のほとばしりを見出すのも当然であり、そのようなアプローチは未開拓と言って差し支えない。

あるいは次のような着想も可能となる。つまり、市民が信仰の道に歩み始める契機となるのは、学府における神学の講義を聞くのではなく、むしろ悩みを解きほぐしてくれる様々な講話や説教であり、総じて伝教活動（ダゥワ）の結果であろう。そこでダゥワの言説や諸活動を中心としたその内容を広く深く精査することには、信仰の一翼を明らかにする貴重な素材が秘められているということになるのではないか。

②倫理道徳論

倫理も道徳もアラビア語ではアフラークの一言であるが、それはしばしば作法を含むものとしても使用されてきた。そしてそれは統治者の指南書であったり、学校や家庭の指導書であったり、あるいは子供の絵本といった形で民衆の啓蒙書として、広く教化の源泉となってきた。(104)

例えば道徳の書として古典扱いされる一一世紀のイブン・ミスカワイヒの『道徳の修練』は、当時の支配者への指南の実用書として編まれたものである。そこで道徳の目的としてイブン・ミスカワイヒは、「いつも正しく美しい行為が生まれるような特性を形成し、しかもそれを何ら困難なく容易に達成すること」であるとした。また、人には善を求める性向があるが、人として欠けるところのある者は動物と同様であることは、刃の欠けた刀剣は鉄屑に過ぎないのと同じだとも述べて、倫理道徳の意義を強調した。(105)

また健筆家であった一四世紀のイブン・カイイム・アルジャウズィーヤの『作法全書』は、四巻本の長大なものであるが、それは食事や接客などの作法書を目途として執筆されている。(106)また最近の総合的なまとめとして見て差し支えないのは、アルマイダーニ『イスラームの倫理とその基礎』である。(107)クルアーンやハディースの論拠を多数示し、これも二巻本ながらそれぞれが分厚な大作である。

なお現代的な教育書、児童書としてもこの分野の出版物は多数出されている。一般書としてここで触れるとすれば、例えば『アラブ・イスラーム道徳の価値・美徳百科』全五二巻がある。各巻は一〇〇頁余りの分量であるが、それぞれに尊厳、寛大さ、嫉妬心、赦し、節度、公正さなどの徳目が当てられており、各項目が特化して取り上げられている。学校や家庭でも利用しやすくなっている。(108)

なおイスラームの倫理・道徳論を探求することにより明らかになることが期待される一つとして、誠実さ、忍耐、慈悲など幾多の徳目が示されるとしても、その根本はアッラーとの誓約に基づく信念であり価値観として、いずれもが同根であるということだ。だからそれらはバラバラにあるのではなく、いわばたわわに実った一房のブドウの実にも例えられるということである。それらすべての徳目は、互いに補強しあっているともいえよう。また価値判断が人間関係に終始する日本の処世訓とは、全く似て非なるものであることも明らかである。

③精神生活論

イスラームの信者といっても、人の子として様々な喜怒哀楽などの心の動きに左右されるのは当然である。しかしそれらの諸相はイスラームの規範に収められるとどうなるのか、あるいはどうあるべきかといった問題を議論する分野である。[109]

例として、幸福をめぐる活発な議論がある。幸福という言葉は、クルアーンには一度も使われていない。しかしそれがギリシア哲学の導入によりムスリム知識人の知るところとなり、幸福論は最もかまびすしく論争されるテーマの一つとなった。急速に活発化した背景には、クルアーンに用語は異なってもほぼ同様な諸概念が散在していたからであった。「アッラーに拒否された悪魔からの加護」（一六：九八）、「窮屈でない生活」（二〇：一二四）、「イスラームに対し開いた胸」（六：一二五）、「わたし（アッラー）の霊魂を吹き込んだ」（一五：二八）などである。

何が幸福で、何が不幸の原因か、幸福とはどうなることかなど、まずは西洋哲学でも見受けられる議論が先行した。著名な一二世紀イスラームの碩学ガザーリー（一一一一年没）にも、『幸福の化学』がある。[110] また既出のイブン・カイイム・アルジャウズィーヤも『幸福の家の鍵』を残した。[111] その後も幸福論は現代に至るも様々に展開されてきており、しばしばアラブ人研究者の学位論文のテーマとしても登場する。素材は潤沢だ。

他方クルアーンでしきりに説かれるのは、この世は一時的なものに過ぎないという儚さであり、人間の飽くなき強欲は根拠なき過ちであるということである。

「この世の生活は、ただ虚偽の享楽にすぎません。」（三：一八五）

そこでイスラームでは、幸福とは結局アッラーに天国行きを認められることに尽きる、という結論付けが通常である。そこに永劫の安寧も見いだせるとされ、その状態にはクルアーンにもただの一度だけ出てくる「トゥーバー（至福）」（一三：二九）という特別の用語が当てられることは前述した。

以上と逆の視点は、悲しむなかれ、というクルアーンに頻出する表現をタイトルにした著作である。現代の売れっ子であるアーイド・アルカルニーの『悲しむなかれ』は、三〇刷を重ねるほどアラブ世界の大ヒット作になり、英、独など世界で三〇カ国語に訳された。世界中では、合計一〇〇〇万部の売れ行きであったということである。余りに悲しむことは他に多くの恵みをアッラーから与えられていることを忘れていることになるから、それは不信仰の種を撒いていることでもあり控えるべきだ、というイスラームの根本を確かめる内容になっている[112]。

この精神論の分野に関しては、笑い、怒り、生きがい、愛情、嫉妬心、あるいは高齢に伴う悩みなどの側面から、多数の現代的なものも出版されている。それらはほとんどすべて、日本の生活感覚からしても非常になじみのある諸側面であるので関心を惹起されやすい。それだけ親しみが湧く分には悪くないが、逆に日本でのイメージを投影するところから誤解を招く落とし穴もあると思った方がよいだろう。

④体験論

信仰の日々の体験などを綴った内容であり、枠組みは自由で不定形だが、それだけ読者に訴える自然な力に強いものがある。随筆集のような形をとることも少なくない。

このような信仰の体験を綴った形式が信徒に強いインパクトを与えてきた事例として、一二世紀のイブン・アルジャウズィー著『随想の渉猟（サイド・アルハーティル）』が知られている。失念、俗欲、忠実さ、志の高低、処罰の原因、時間と栄光、公正さ、神秘主義の逸脱、雑念、孤独、至福など、ほぼ三五〇に上る項目が連綿と、特定の順序なく続いている。著者水谷は、これぞ中世ムスリムの信条と真情を吐露した好例として日本で知られる価値ありと考えて、この膨大な作品の適訳を上梓した(113)。

これの現代版とも言えるのは、既出のアフマド・アミーン著『溢れる随想（ファイド・アルファーティル）』である。約五〇〇篇を含むこの随筆集は、政治や社会問題も扱っているが大半はイスラームの論議である。その中心となっているのは、「ラマダーン月講演集」である。それは二三回に分けて実施された講演を記録したものであるが、文字通り信仰を巡る様々な諸問題について縦横に論じ、また自らの体験も混じえて綴った内容となっている。この随筆集は著者水谷が三〇年以上にわたって扱ってきたものであるが、全一〇巻からの摘訳を人生論、宗教論、文明論に仕分けて、一巻として出版することができた(114)。

巡礼をめぐる著述の他、実は礼拝であれ断食であれ、各勤行をめぐってはそれぞれに信仰体験を霊的なタッチで描写した著述がなされてきている。それらの一群は、「ルーハーニーヤート」（霊験記）と呼ばれているものであるが、その影響力の大きさにもかかわらず、イスラーム諸国の圏外では、ほとんど調査や研究の食指が伸びていないというのが現状である。

⑤最後に

最後に付言したいことがある。それは、信仰を巡る研究は、さほど肩をいからせるものではないだろうということである。端的に言えば、それは遊び心で臨むのが一番適切と言いたいのである。もちろんこれは、語感が良くないことを利用しての逆説的な表現である。信仰はそもそも人の心のあり方であり、それは移ろいやすい性向であるのは論を要しない。それは整理整頓のきいた近代都市ではなく、雑踏を意に介しない混沌の市場なのである。その無定形さに耐えること、あるいは馴染むことが求められるのであり、文学も芸術もそこでどれだけ遊べるかが勝負と言えるとすれば、それと同様であるということになるのである。

遊び心と言えば語弊があるとすれば、広い野に咲く多種多様な花々を楽しむ境地である。そのような心構えが最も探求の触手を伸ばすであろうし、そのような気構えが広大な信仰心の躍動を一番的確に把握すると期待されるのである。分析のメスを握り締めて剛力で抑えつければいいという相手でないことは間違いない。

なお以上の記述に想定しているのは、すべてアナログの世界であるが、当然将来的にはデジタル手法による研究も進められるだろう。それは結局、遺伝子レベルの情報伝達システムや分子レベルの神経伝達物質の研究などと合流する可能性は大きい。現状としては、脳科学が非常にテンポ早く進められているが、それは各種の医療効果を狙ってのことである。医療目的を超えて、信仰解明の新たな分野の開拓も期待したいところである。そのためには狭い意味の実証主義ではなく、人間の内面も扱う気構えと決意が求められる。種々の新たな基準やガイドラインも必要になるだろうが、それらを含めて科学の柔軟化が視野に入って来るということである[115]。

こうして宗教信仰と科学的知識の互恵関係が期待される。そこでは、人間としての一層開かれた視野の下で、社会生活も個人の精神生活も営まれることとなる。このような夢物語と聞こえる話をするのは、気恥ずかしいものがある。しかしこの主張は、次に見るように、著者水谷一人のものではない。

・ウィルフレッド・スミスの信仰学提唱

信仰学へのアプローチの第三の事例としては、新規の論陣を張って知られる、ウィルフレッド・キャントウエル・スミスである。オックスフォード大学やケンブリッジ大学で宗教学を学び、その後ハーバード大学やカナダのマギル大学で教鞭をとった。彼は、一九一六年、カナダで生まれたが、一〇代で家族と共に半年間エジプトで生活し、また二〇代には五年間インドで活動した。このことが彼の宗教多元的な宗教観に大きな影響を与えたとも思われる。

多数の著作は、宗教学一般とイスラーム研究の両分野をカバーする広範なものであったが、宗教信仰研究に関しては、次のような画期的なパラダイムを提唱した。従来の宗教研究は、研究対象をもっぱら客観的に外から観察可能なものに限ってきた。それらは個々の人間が内的に経験する絶対者との関りである信仰の表現であることに十分な注意を払ってこなかったのだ。[116]

旧来の手法は、いわば宗教を「もの」として研究してきたということになる。その主要な原因となったのは、それまでの宗教を外的な対象物として見る視点であった。そこでこれを「蓄積された伝統」と「信仰」に分けて検討することを提唱する。それによって、前者は信仰の表現として見ることとし、さらに後者は各自の「信仰」を生きる個々人の人格的な営みとして研究するというのである。

まず表現の様式としては、散文や詩といった言葉、儀礼や道徳的行為といった行動様式、芸術や制度、法律、共同体、性格など、数多くの切り口を取り上げている。

例えば芸術についていては、「彫像は作られたものであって、彫像が何かを見るということは不可能である。しかしその制作者は何かを非常にはっきりと見たのである。それはこの世界を越えた何かである。そしてもしわたしたちが、この彫像を見る際に、彫像以上の何物も見ないのだとしたら、それは確かに私たちが鈍感であるということになろう。」（二二七頁）共同体に関しても、「キリスト教の教会、ムスリムの「ウンマ」、ヒンドゥーのカースト、仏教のサンガその他は、その主要な部分において、これらの分類集団をこれまで構成し続け、今も

また構成している人々の人格的な信仰の表現なのである。」（二二八頁）

こうして様々な表現様式を通して、信仰の全貌に迫る方向を指し示した。次のような見解も貴重なものであろう。

神学は伝統の一部であり、この世界の一部である。信仰は神学を越えたところ、すなわち人々の心のうちにある。そして真理は、信仰を越えたところ、つまり神の心のうちにある。（二四〇頁）

私たちが望んでいるように、宗教生活の観察可能な側面（水谷注：伝統）に対して行われたのと同じぐらいの規模と熱心さを持って、そしてまた、現代人がこの領域について理解するのに必要な規模と熱心さをもって、この種の取り組みがなされるのであれば、次の一世紀の間に、この問題（水谷注：信仰）に関して多くの成果が得られると予測することもできよう。（二四四頁）

同様に、ムスリムの信仰は、ただ神のみが歴史の外に存在するということについての、また地上の歴史のうちで自らに課された義務はただ神のみに従うことであるということについての、彼の人格的な認識であり、この認識は地上において歴史の中で生じるのである。この信仰は幾世紀にもわたって変化してきたのであり、これからも変化し続ける。

別の言い方をすれば、それはこの信仰が本物であるということである。……伝統は発展する。人間の信仰は変化する。しかし神は永続するのである。（二四八―二四九頁）

いずれも含蓄の深い指摘ではあるが、スミス自身は信仰研究に関してその後多少敷衍することはあっても、各論は詳述しないままに、二〇〇〇年に他界してしまった。そして同著において最後に、彼が浮上させたのは、新世代における第三のタイプであったことは忘れられない。それは宗教の外部の観察者と内部の参与者の両方に同時に役立つ適切な一つの理論を構築する、「次の世代の人々」であった。（二五八頁）

以上でケン・ウィルバー、本書著者の水谷周、そしてキャントウエル・スミスという三つの信仰学へのアプローチの事例を示したことになる。ただし具体的な研究の一歩を進めているのは、僭越ながら著者一人であり、残る二人は今後の指針や視座を示唆したに止まった。いずれにしても新たな航路の開拓に常に付きまとう種々の問題や障害は、当然惹起されることとなるだろう。しかしそれは珍しいことではなく、それらを克服するのも仕事の内である。信と知の肝胆相照らすような互恵関係の下で、一層信仰というものの実態が解明され検証されて、広く人の世に貢献できる方向に羅針盤の針は指し示してくれるであろう。また飾らずに言えば、信仰一途の人たちが、従来得てして感じさせられていた研究者に対する引け目は無用のものとなり、また研究者が持っていたような「見栄」や「鎧」（前出の葉上照澄『道心』の用語）を脱ぎ棄てる効果も期待したい。

エ．次世代への展望＝共生する信と知

・ホモサピエンスの生き様として

地球の各地に拡散したホモサピエンスの遺跡からは、中東を初めとして、埋葬の後が発掘されている。人類はその初期より、何らかの宗教的習慣と伝統を育んできたのであった。それは人が持つ想像力という知覚による作用であったとしても、そのような身体的な側面だけで説明しきれない、いわば宇宙に達する勢いの直観力の賜物でもあったはずだ。「至誠天に通ず」というが、この賜物の力を裏書きするものである。ただしこの「ひらめき」の機能は、何千年と変わらず正体不明ということである。

このように長い歴史を経た宗教は、当然人類の生活と発展の良き友であり、何時も必要で側にいた同伴者であったと言えよう。それなくしては自らが成立せず、広い地球上ですっかり航路を失うことにもなっていたのであろう。だからそれは、人間の生息にとって、水や空気と同格の重要性を持つものであった。

しかしこの同伴者の人に持つ意味合いに関しては、時と場所により様々に取りざたされてきたということになる。それは本書第一章で概観した、世界宗教の置かれた位置が多様であったという指摘である。時に全く支配的となったが、その後は俗権との抗争が厳しくなり、またさらに反宗教の勢力ともなった科学との競り合いも激化した。加えて、物資主義や宗教界自身の意気消沈という病魔が人々を襲うこととなったのである。

過去数世紀の宗教信仰は、この長い歴史の下降期に当たっていたと言えよう。それは人間の知識や科学に全幅の信頼を置くのが、主流となったことと反比例の関係だ。ところが今度は、その人知万能主義が揺らぎ始めることとなったのだ。科学の発達自身が、人知の不確かさを証明し始めた。そもそも実証すること自体に、万全の信頼を置くことができないというのである。このような科学上の新学説は、今後増幅するのか、あるいはそれらは消え失せるのか、まだ決着はついていない。それでなくても、人知に自信を失わせることとなるような、新たな思想や学術研究も次々と登場してきた。それらは、文化人類学で未開社会と文明社会の質的均質さを前提とした議論であり、ポストモダニズムによる従来の文化的諸価値に対する対抗であり、ディコンストラクショニズムによる新規の発想による、善意ではあっても意図された諸価値の破壊の推進であった。ただし当事者たちは、それぞれがその持ち場で、新たな創造を目指してはいたが……。

こうして、いわばホモサピエンスは、アフリカ大陸を出て以来、二〇～三〇万年という月日を経て、ようやく自らを支える二大支柱である、信と知の両側面のそれぞれにおいて亀裂を見出しつつあるというのが、今日の状況なのである。これは相当な危機であり、それは環境破壊や迫りくる惑星の地球との衝突といった規模の破滅をもたらすものである。いやそれ以上というべきかもしれない。人類自身が、その内側から危うくなっているのであるから。

だから言いたいことは一つである。この人類規模の危機は、迫りくる現実であるということだ。日々の運航は緩慢としており、環境問題のように目に見える大問題でも、それに対する対応策は遅すぎるとの指摘が盛んである。ましてや、信と知といったような抽象的で目に見えない課題との取り組みは、遥かにスローペースであり、それだけに本書では、時に刺激的な表現を意に介さずに、直言する場面も少なくなかったはずだ。

人は長く進化論を信奉して、その中軸を弱肉強食の闘いと適者生存の生き残り競争であると教えられ、納得し、そのような眼で世界をそして自分を見てきた。そうなると相当の生活部分はその理論の証明のように見えだすから不思議である。ところが最近は、そのようないわば原始進化論ではなく、互いに助け合う共生が人類のみならず、地球上の生物全体の原理原則であるとの見解が打ち出されつつある。つまり進化論も進化しているということになる。(117)

植物の根には菌糸がまといついており、あるいは独自の網を広く張っているが、菌糸と根は栄養素の交換をしており、この供給システムは実は森全体であり、地球全体の生存システムになっているというのである。このシステムのお陰で、落葉樹は冬の間も常緑樹の菌糸によって栄養を得ているのである。こうして地中の菌糸のネットワークに森が支えられているのだ。森が繁殖していなければ川もなく、海の栄養も減少する、そして動物全体の生存も危うくなるという連環であり、仕組みである。こうして地球全体が、相互に共生するシステムに支えられているという事実が判明させられ、確認されている(118)。

自然における原理原則が弱肉強食のつぶし合いではなく共存共栄の共生であるとすれば、信と知が共生しなくてどうなるというのであろうか。逆に言えば、それらからの最大の恵みを人類は享受するシステムを考案すべき段階にあるということである。それが本書の第二章で述べた、信と知の相互承認という視点であり、互恵関係の尊重ということである。そうした二大支柱のバックアップによってこそ、人は本来の与えられた才覚と好機を逃さずに、本来の伸びやかさを取り戻すこととなるだろう。

以上のように検討を進める中、注意を要することがある。それは例えば、ベストセラーにもなった『ホモサピエンス全史』に見られるような推論である。もちろんそれは大変な研鑽の成果ではある。しかしそこで扱われている、「宗教」という言葉の用法に注意すべきだということである。同書では宗教は、貨幣、帝国、そして宗教が人類をまとめてきた三大要因と

して登場させられているが、それだと宗教というものの外面だけに着目して扱っているということになる。(119)

宗教に社会の結集力を認める点について異論はないし、それが歴史的にも大きな影響を与えたことも衆目の認めるところである。ただし、宗教のすべてがそれではないし、ましてや宗教の本質でもないことは、読者諸氏に繰り返す必要はないはずである。人の心の中に、その本髄は見いだせるのである。洞窟画に出てくる場面には、船出する人たちを送るための合掌や手を振っているところが描かれているのだ。それを合掌や見送りと見立てるのは、現代的な読み込み過ぎで誤解かも知れないが、今のところそれ以外の解釈は出されていない。あるいは古代の埋葬場所からは、多くの副葬品や穀物の種子が発掘されることも、同様に祈る気持ちの表れと見られている。

問題は『ホモサピエンス全史』だけではないので、特記しているのだ。現在のところ、日本で宗教を語る場合、ほとんどのケースでは外面的で表層的なものとしか見られないで、扱われているので、大いなる注意が求められる。それほどに宗教の内実に気をとめる人もいないからであろう。多くの場合、この現象は宗教の誤解にも導くこととならざるを得ない。宗教離れの社会現象として仕方ないと言えばその通りであるが、何とも危うい限りであり、心細くなる、前述の人類史上の宗教の存在感は消失しているからだ。これは早晩補修しないと、

世界で孤立しがちな日本社会として自らが墓穴を掘るのと同然である。(120)

すでに色々見たように、信も知も先の見えない行き止まりに直面しているのである。宗教信仰は、科学と物質主義に圧倒され続け、それらに席捲される数世紀を過ごしてきた。科学はその間、進歩一途の印象で、自信を深め、自信過剰かと思われ始めたら、その直後より本当には確実な実証はあり得ないことが論証され、その自信がぐらつき始めている。要するに、同病相哀れむといった状況である。

・自信と躊躇の狭間

両者共が自信と躊躇の狭間に揺れつつあるが、それは日常生活にはあまりにも大き過ぎる問題なので、逆にさほど人の懸念材料となっているとは思えない。それより、直近の貿易収支や円高・円安や物価動向、国境紛争、そしてコロナと、多くの心配材料には事欠かない。ただし底流にある懸念材料を失念することは、自らの墓穴を掘ることに他ならない。

両者共完璧であり得ないのは、人間がそのようにできている以上、仕方のないことなのではないだろうか。それが大前提とならざるを得ない。それほど人間は偉くもなければ、逆に卑下するほどには悪人ばかりでもない。これも狭間にある。しかしそれが極悪人の集団にならないで、最後の一線を踏みとどまらせているのが、信と知である。

ただしそれら両者は全く別物であり、安易な対話や統合は夢うつつの幻想に過ぎない。それらの住み分けを認めた上で、いかに共存共栄であり、知恵のある共生から受益できるかが問われているということになる。

＊信仰再構築の方途

自らを投げうつ犠牲の精神は、利他の極致であるが、そういった覚悟が信の背景にある。それだからこそ、人々の尊敬を勝ち取ることとなる。その日々の信の原点となるのが、平時の祈りである。それは殉死という激しいものではないにしても、従順な心を準備している。あるいは、その人にとっての利他の原動力であり基地ともなるはずである。さらには、その人の精神生活の起点となる。この実践が信の再構築の第一のルートであった。

第二のルートは、信仰学の樹立である。

信については、あまりに外からしか見ない立場の観察が横行しているのが現状と言えよう。それを逆手に取って、例えば共同体の形成の仕方も信仰の表現として見直すことを提唱するのは、キャントウエル・スミスであった。それは外からでも観察される儀礼や様々な宗教伝統全体を考察し直そうというのである。もちろん内面の信仰上の営みはすべて含まれることは当然である。そこに彼の信仰学提唱の要があった。

さらに著者水谷が信仰の在り方を考究するために、イスラーム信仰の諸相を体験論、倫理道徳論、信仰論、精神生活論の四分野に整理して示している。それに尽きるわけではないが、それを枠組みとして分類しながら探求のメスを入れていこうということである。そのために、つたないながら幾つかの書籍を自ら上梓してきたことも紹介した。

またケン・ウィルバーは、信仰と言っても秘儀の部分も含めて大いに記録し情報化することで、互いに検証し、その結果を共有することで、「科学化」する方策を提唱している。そうすることにより、今考えるととても信憑性の薄い種々の神話や伝説部分は、これからの宗教には妥当しないとしてそぎ落とすことも勧めるのである。

広く深い信仰の全幅を一つの学問分野として樹立する手立ては今後も考案されるとしても、重要なことはそのような作業が学問として成立させられることである。その実績と認識を欠いたままでは、宗教信仰はどこまで行っても基本的には個人の揺れ動く心の問題だけにとどまるだろう。もちろんそれはそれで疑いなく存在価値があるのではあるが、その骨組みをしっかりさせて、対外抵抗力を付け加えようということである。信仰の再構築は、学問化することが一つの基盤を提供すると思われるのである。

以上の二つのアプローチによって、信仰の再構築がそのまま実現するのではない。そのための基軸になる切り口であるという趣旨だ。再構築全体を考えれば、宗教界の意気消沈の治癒、あるいは活性化も欠かせない。それは何といわれようが、宗教の固有の意義と人間にとっての必要性を学びなおす、言い換えれば修行のし直しである。物質主義という観念そのものの、哲学的な反駁も必要である。そういった総合力により、宗教信仰の再構築が真に地に着いたものとなるのは、ほとんど自明である。ここではそういった方途に関しては、備忘録として明記するに止める。

＊知の再構築の方途

「汝、己を知れ」とは、ギリシア神殿に掲げられた標語であり、訓戒であり、人としての知恵である。今後は人工知能や遺伝子操作など、人間の尊厳にかかわる諸課題が続出するであろう。その中を、一人科学だけに価値観を委ねるわけにはゆかないことは、既に明らかである。それでは過激なままでの科学一神教である。

実証に依拠する科学自身が、その実証能力に関する不確かさを、カオス理論などで証明してしまった格好である。さらには進化論的啓蒙主義や合理主義は、つとに、文化人類学やポストモダニズムやディコンストラクショニズムなどにより、追撃の矢が放たれている。これが知の再構築に際しての知の体系が全方位的に総攻撃を食らっている原風景であり、出発点である。

啓蒙・合理主義にしても、科学優先主義にしても、数世紀をかけてきた歴史がある。その歴史的転換を迫るのは、容易ではない。そしてこういった場合、それによる甚大な被害や多数の死傷者が出ることで、初めて真剣な対策が検討され始めるのが通常である。もちろん既に幾多の諸問題は発生している。自然環境破壊、貧富の格差、難民問題、そして我欲の飽くなき追及による、終わりを知らぬ世界の紛争がある。人間社会を物欲の坩堝《るつぼ》と化したのも、旧来の諸観念と哲学のなせる罪である。様々な問題への各論的な対応は進められているものがあるとしても、抜本的なそれはやはりこれからの幾世紀が必要となるのだろうか。

これは容易な事態ではない。そんな中、強く大きいことを追い求める思想ではなく、弱くて小さい存在にも十分な手当と配慮が行き届く社会の在り方が希求されているのである。真に平等であり、公正で誠実なあり方を支える思想である。またそれは弱肉強食の競争社会ではなく、「共生」を基底に据えた発想のものとなるであろう。もちろん近代知の転換を図るのに、それ一つに依拠するということではないだろう。ただそれが強固な起点となるということは間違いないと考えられる。またそれも含めての転換の遂行には相当時間が掛り、極論すれば超長期のホモサピエンス史的な視野の下での将来の絵姿となるかも知れない。

他方、科学に関するより直近の捉え方としては、次のことを再確認しておきたい。

宗教が人間を包括的に位置づけて、意味を与えていたとすると、その包括性をバラバラに駆逐しながら科学は発展してきた。それはすべてを数値化し、分割し、分割された物事を因果関係で連携させるのである。ここで言う因果関係とは、仏教的な一切を含むものではなく、機械的で図式的な部分々々の関連付けである。このようなプロセスは、要素還元ともいわれるが、この手法は科学者にとっては、金科玉条の憲法のようなものとなってきた。

この現象をウィルバーは「平地化」と呼んでいた。それまでは価値の大小や多様な関係性によって起伏のあったところが、平らで何ら特長のない荒野になってしまったというのである。それは景色としてつまらないだけではなく、極めて人類にとっては危険なことなのである。人間はあたかも骨だけのスケルトンになってしまうからである。人間からあらゆる感情、人格、意志、希望、信仰、尊厳、恥、忠誠心、誠意など、むしろ人としては最重要な血と肉が削がれてしまうのである。というのは、それらは基本的に計量が難しく、要素還元もままならないからだ。語弊があるのを恐れるが、自殺者の数は、科学都市と称される筑波市ではかなりの数になっていると聞くのは、心を痛めるものがあるが、さもありなんと誰しも頷くのである。結局は骨だけの人間観となり、当然人生観、世界観が蒸発し始める。科学者はこのような事態を目指していたわけではなかったはずだ。事実重視でその積み上げが、より良い世界へ導かれるものと想定し、期待していたはずである。

以上に気が付き―そして多くの科学者は既に気付いているはずだが―、そこに新たなアプローチと発想が求められる。精神世界の研究や価値観の研究、あるいは価値観と合わせた研究といった、狭い科学観念からすると「危うい」テーマも取り上げることに、もっと正面から市民権を与えなければならないのではないか。医療の分野も、心と体の両面を測らなければならない。これまでは疑似科学のように扱われていた内容かも知れないが、そういったものも扱うという意味で、科学の幅を広げることを目指すということである。

それはいつも完全試合を狙う姿勢とは異なっている。不確実性の許容を含めて、それは新たな視野であり、新たな世界観でもある。もちろん既にこのような新たな視点に沿った研究や分析もいくつか着手されているようではある。そのため例えば、祈りの遺伝子レベルの研究成果に、本書で言及した。瞑想の脳皮質に及ぼす効果の分析も見てきた。そこでは未だに、手法は従来のままかもしれないが、明らかに「危うい」領域に入りつつあり、やがては「魂」も取り上げることを視野に入れていた。この脈絡で触れるだけにとどめるが、東洋医学に着目し、気功や超能力を研究する分野が、真剣に取り組まれていることは注目される[121]。

引用させていただいた河合隼雄氏とケン・ウィルウバー氏の二人ともが口をそろえて、宗教も科学も「譲歩」しなければいけないとした。それは彼らには、「譲歩」と映ったということである。ただし宗教と科学のいずれもそれぞれが、新たな発想とアプローチに取り組むということで、実際は「譲歩」ではなく、大きな一歩でそれぞれが前進するということではないだろうか。

次の節において「ひらめき」の研究を提案することになるが、具体的な研究テーマは今後考案され、見出されるとしても、当面は次のように科学者の危機に対する目覚めが宗教者によって訴えられている。

（1）道（宗教）はすべての人間の根源であり、原動力であるので、科学者も「道」の活《はたら》きから逃れることはできない。

（2）従って科学者が「道」の活きを拒否するならば、それは自己矛盾となる。「道」の活きが科学の根源的な原動力であるからだ。

（3）科学者がもし「道」を否定するならば、人間失格となる。科学に固執しないで、人間全体の視野を見失わないこと。

（4）「道」が目指すところはすべての対立と矛盾を統一することであり、次いで「道」の究極的な目的は、神（仏）的人類・宇宙共同体の創造である。科学者と技術者の責任は重い。(122)

「危うい」分野の研究により、人間の在り方に関する新たな展望が開けることが期待される。それは価値観にも新たな光を当ててくれるだろう。従来のノーベル賞にこのような分野の業績を顕彰する部門を創設することも考えられる。人を骸骨化し、人類社会を分断化する従来の科学一神教は、その功罪が問われているのであり、それを称賛するだけでは、ノーベル賞の功罪も問われる結果となるのが論理である。次善の策としては、裏ノーベル賞といわれる、イグ・ノーベル賞を拡充することも考えられるかも知れない。

以上のような進展が図られれば、宗教との相性もよくなり、両者共々が狭間で揺れ動き続けるにしても、共倒れは回避できることとなる。

＊「ひらめき」研究の勧め

最後に提案したいのは、「ひらめき」を信仰学としても科学としても、一つの研究テーマとして取り上げて、その実験、検証、結果の共有を進めるということである。

信仰の真髄は直接的な霊的経験であるとすれば、それはいわば山の頂点であって、その裾野は相当広いということを改めて確認したい。中でもそれが劇的になるのは、死と直面しての生存本能を刺激し稼働させるような事態だろう。そこでは生きるということへの動物的なまでのパトスが働いているのである。もちろんそのパトスはただ生き延びるだけではなく、正しく行きたい、あるいは善くありたいといった、強い求道のケースもあるだろう。その意味では、科学者が真実を追求し、芸術家が美を探求するのと、類似したパトスとも言うべきだろう。

こういったパトスは、人間としての情念であり情熱である。よく言われるように、真善美への絶えぬ強烈な憧れでもある。そしてこの情念がどこから湧くとも知れない力となり、それがひらめきを誘発し、やがて信仰を得たり、科学的真実を察知したり、独特の芸術美を達成することになるものと想定して差し支えないだろう。既に述べ来たったように、直観やひらめきの世界には、まだ全く分析のメスが入っていないので、これ以上のことは確言できる段階にはないのだ。

芸術や科学はさておき、宗教は本来、人々の尊敬の的であった。その理由は、遥か彼方に目標を定めて、人々に遠大な指針を提供してきたからである。その貴重な役割を明確に果たせる理由は、人間生存の基本である生命の維持と保存、つまり生存本能に訴える形で強く鋭い直観、すなわち「一瞬の稲妻」を究極の場面で稼働させてくれるからである。人は時々、死と直面した際に、そのような究極の才覚を発揮してきた。

キリスト教にもイスラームにも次の逸話が出てくる。預言者イブラーヒーム（アブラハム）が神にその息子を犠牲に付すことを命じられ、その命令に従順に従うことを父子が決意した瞬間に彼らは赦されて、代わりに羊を犠牲に付すこととなった。この最後の瀬戸際が、絶対主への帰依を誓うというひらめきの輝きを可能にしたのであった。イエスも十字架に付された瞬間に、殉死を受け入れることで、敵を許し、人々への限りなき愛を示すことができたのであった。釈迦が前世で菩薩であったとき、飢えた母虎の前に餌食として身を挺したその時に、飢えて動けなかった母虎は子虎に乳を与えることができたという一話は、「捨身餌虎《しゃしんしこ》」として知られている。

この研究のメリットの実例を挙げよう。平和を掲げた宗教対話が進められているが、これもある種の行き止まりに来ているのではないだろうか。他に方法がないから、仕方ないという諦めムードも見え隠れしている。互いに理解を深め合うというよりは、共通認識を対外的に表明することに力が注がれがちではないだろうか。つまりそこでも外面だけが重視されがちになっているのかも知れない。そこで例えば、「ひらめき」に関する科学との共同研究は、新たな展開を与えるのではないかと期待されるところである。もちろんすべての人に全く同質、同量のひらめきという賜物が賦与されているわけではないので、その点は裏目に出ないような慎重さが求められる。

なお著者水谷は、『イスラームにおける直観の研究』を遠からず刊行すべく、現在数名の専門家と共に作業中である。信仰学の一端として、「ひらめき」の考究を一歩でも前進させたいとの願いからである。

＊次世代への継承

次世代への継承と希望という視点から多くの宿題リストばかりを書き連ねたようではあるが、遺書はある方がないよりは作業は進めやすいことは間違いない。ただの紙屑になる遺書に過ぎないのか、それともそれが将来設計図になるのかは、決めるべき次世代の人々の手中に委ねられている。

そこには、宗教と科学の在り方の問題と並んで、進化論的啓蒙主義と合理主義に代わる新たな哲学を創始するという課題も控えている。そこでの鍵となる概念の一つは競争ではなく、「共生」であろう。用語としての「共生」は、広く人々が語り始めて既に数十年経つ。その初めは、明治時代に生物学の用語として登場したのが、その後仏教者によって提唱された例がある。最近で最も「共生」を強く主張しているのは、黒川紀章氏である。彼は、「共生の思想」（徳間書店、一九八七年）、「共生の思想　増補改訂」（徳間書店、一九九一年）、「新・共生の思想」（徳間書店、一九九六年、全体は大部で七一一頁）と相次いで改訂版を出して、内容の充実を図っている。その間、フランス語や英語訳も出版された。また幾多の講演会、座談会などを精力的に実施し、その普及に努めてきたことが、一連の著作に明らかにされている。

これも受けてか、日本経済がバブルではじけた直後、九〇年代の前半に、将来像を検討し、日本をどのように国際社会でイメージ作りするかというテーマの中で、当時の経済団体連合会も浮上させ推進させることとなった標語であった。しかしその「共生」概念は、当初もてはやされたようではあったが、それ以来特段浮上もせずに時が流れてきた。

黒川氏の貴重な提唱にしても、それ以降、出だしほどには勢いを得ていないと言って差し支えないだろう。それは曖昧だ、あるいは、仏教概念に根差した議論の成り立ちでは、他の宗教を基盤とする文化や社会からは支持が得にくい、といった批判の声も出てきた。この「共生」の発想は、仏教でいわれる「ともいき」と生物学的な共棲を基盤として、発展させたものだとしている。確かに、自然科学、人文科学、社会科学、あるいは彼の専門である建築学とすべての領域をカバーしている門構えであり、それは不可避的に曖昧さを伴うことになるのかも知れない。東西南北、あらゆる文明や文化に言及するという、日本の論者に普通は見られないような「知の巨人」流の様相でもある。

つまり大変に壮大な構想であるのは、間違いない。それは彼の大学以来の長年の蓄積を背景としている点、確かに傾聴に値する。また同時に同氏自身が認めるように、その主張は未だ成長過程の面もあるようだ。百科全書的になり焦点が絞りにくく、それは曖昧さに転じるとも思える。しかしそれは黒川氏の目標として、いずれ克服されれば、本来の貴重な貢献を果たせるのではないかと期待される。

そのためには、学術面の知的精査もさらに増強される方がいい。曖昧さの一端は、概念の検討を深堀りする言語分析などの手法は駆使せずに、基本的には経験的な叙述に終始していることから来ているのではないかと見られる。また「共生」を主張する以上は、何がそれではないのか—進化論的競争原理や二項対立思考など—を十分限定し示さないと、超克すべき相手自身にすでに曖昧さが伴うこととなる。それも同書の曖昧さに導いているのであろう。その際には、相手の姿は必ずしも敵対的な存在としてではなく、他者であり対置され、明確化のために対比されるものとして位置付けられるという静かな目で見ることが勧められる(123)。

同時に黒川氏の「共生」の主張を巡っては、文化論的な観点に限らず、新たな発見や知見が増幅しており、自然科学からの寄与も側面支援している。その一例がすでに触れたように、「共生」こそが、森林植物成育の大原理であることが、樹木の根に張る菌糸の役割が証明される中、判明したことが挙げられる。これは「新共生」の概念として、従来のそれとは峻別される。そして結局それが、地球上の生物全体の基盤であることも分かってきたのだ。そしてかつて弱肉強食を中軸とする進化論は、自然の一部のみを語るものとしてもはや過去のものとなっているのだ。事実、弱肉強食が自然の原理であれば、何か強大な種が生まれ出て、既に地球を支配していておかしくないということにもある。このような微細な自然観察が、人類全体の自己認識と地球的規模の将来像をひっくり返すのであるから、何が起こるか分からないということになる。文字通りの、ちゃぶ台がえしということである。

ちなみに、弱肉強食の進化論を支えてきたは、ダーウィンが提示した理論に加えて、我欲追及を是認する資本主義体制がその理論を裏書するという両面の影響が効果を発揮してきたためである。その弱肉強食が今やより微細な自然観察によって否定されるところとなった。さらには、新たな公共財として我欲ではなく、「新共生」を前面に押し出す社会体制が求められる時代に入ったとまとめられるだろう。

ちなみに資本主義の祖のようにいわれるアダム・スミス（一七九〇年没）の『国富論』では、私欲のせめぎ合いがやがて「神の見えざる手によって」国富全体の増大に導くとして、私益中心主義が肯定されたように言われ、日本の教科書でもそのように教えられてきた。ところがそれは、極めて表面的な理解に過ぎなかったことも、この脈絡では明記せざるを得ない。

実際、スミスは一言も「神の」とは触れておらず、それは原語には見当たらない明治期の過剰な訳に他ならない代物である。それがそのまま使用され続けて今日に至っているのだから、信じられない結果である。彼が説いた全体像は、次の通りであった。自己の利益を最大化するには、他者の批判を招く行為に出て今後の取引に差し障ることは避けようとするという点の他、人間が本来的に持つ利他性は「正義の法」や「共感」（シンパシー）といった概念を通じて示されているということである（後者は特にスミス著『経済道徳論』）。
これが現代で言う価格の市場メカニズムとして理解された。つまりスミスは我欲の背景として人の「共感」を明示していたことが、置き去りにされてしまったのである。最大利益を追求するというのが実態ではあっても、そこにベースとして人間社会に一抹の血の通ったものを認める用語を持ち出していることは不当にも放置されたままとなったのだった。彼のいう利他性の源泉となる「共感」は今となっては「共生」志向であった点に、改めて光を当て直していいはずである。

信仰が実践（行）と学識（信仰学）に支えられ、科学が実証によりつつも人の感性や情動も対象とする幅の広い門構えとなる必要がある。そうなる日には、宗教と科学の対話ということが成り立つのかも知れない。また「新共生」概念も深めつつ、弱肉強食の生活様式や物質主義を超えた哲学と思想を構築し、それを現実化する必要もある。まさにホモサピエンスの生き様が、問われているということになる。

【註】

（84）ケン・ウィルバー『科学と宗教』吉田豊訳、春秋社、二〇〇〇年。彼はトランスパーソナル思想を含めて、統合のより包括的な理論として、「すべては正しいが、部分的である」という原理によるインテグラル思想を提唱している。東洋の宗教的な知見、霊的発達の思想と現代心理学を統合するという壮大な試みから、「フロイトとブッダを結合させた」とも評される。現代の米国で、最も注目される思想家の一人。
(85)『技法シリーズ』第一巻、鎌田東二「序文」、一七頁。
(86)前掲書『道心』、二〇四頁。
(87)同掲書、一四九頁―一五〇頁。
(88)人として自然に祈っているのが常だという着想を説きつつまとめたのが、水谷周、鎌田東二共著『祈りは人の半分』国書刊行会、二〇二一年。
(89)フリードリヒ・ハイラー『祈り』、国書刊行会、二〇一八年。本文は約六〇〇頁に上る大著である。
(90)前出、村上和雄「祈りは遺伝子を「活性化」する」
(91)前掲書、『道心』、一七〇―一七一頁。
(92)奥村一郎「死と祈り」、『講座』第七巻、三三一―三六二頁所収。三四二頁。
(93)同掲書、奥村一郎「死と祈り」三四三頁。原出典は、岸本英夫『死を見つめる心』講談社、一九七三年。三九頁。
(94)前掲書、ハイラー、『祈り』、五三〇頁。

(95) 前掲書、ウィルバー、『宗教と科学の統合』、二二二頁。

(96) 道元は「身心一如」で「坐すなわち仏行」として、座禅を最重視した。『正法眼蔵随聞記』など。門脇住吉「序論　宗教と身体」、『講座』第八巻、四二―四五頁。

(97) 魚返善雄『禅問答四八章』学生社、一九五六年。

(98) 本項は、拙論「イスラーム学の新たな展望―「信仰緒論」研究の必要性―」を改めたもの。同論は、拙著『イスラーム信仰とその基礎概念』晃洋書房、二〇一五年。一七一―一九一頁所収。また、拙著『イスラーム信仰概論』明石書店、二〇一六年、も参照。

(99) ガザーリー著『導きのはじめ』前野直樹訳注・解説、日本サウディアラビア協会、二〇二二年。中世のイスラーム手引き書として、貴重な邦語訳。

(100) Ibn Taymiyya, *Kitab al-Iman*, Beirut, al-Maktaba al-Islamiyya, 1996.

(101) Muhammad NaimYasin, *al-Iman*, Beirut, Dar al-Itimad al-Thaqafi, n.d.

(102) Fahmi Huwaida, *al-Tadayyun al-Manqus*, Cairot, Dar al-Shuruq, 1994.

(103) al-Sayyid al-Sabiq, *al-Aqida al-Islamiyya*, Beirut, Dar al-Fikr, 1978. 七九頁。

(104) 拙著『イスラームの善と悪』平凡社新書、二〇一二年。

(105) Ibn Miskawayhi, *Tahdhib al-Akhlaq*, ed. by Muhammad Salman, Cairo, Dar Tayyba, 2010. 一四頁及び二二五頁以下。

(106) Ibn Qayyim al-Jawziyya, *Jami al-Akhlaq*, Jadda, Dar al-Wafa, 2002. 4 vols.

(107) Abd al-Rahman Hasan Habnaka al-Maydani, *Al-Akhlaq al-Islamiyya wa Usulha*, Dimashq, Beirut: Dar al-Qalam, 1979, 2 vols.

(108) Marzuq b. Sunaytan b. Tunbak, *Mausuu at al-Qiyam wa Makarim al-Akhlaq al-Arabiyya wa al-Islamiyya*, Riyad, Dar al-Ruh, 2000.

(109) 拙著『イスラームの精神世界―信仰の日々』日本サウディアラビア協会、二〇一三年。

(110) Abu Hamid al-Ghazaali, *Kimiya al-Saada*, Cairo, Dar-al-Muqattam, 1900.

(111) Ibn Qayyim al-Jawziyya, *Miftah al-Saada*, Beirut, Al-Maktaba al-Asriya, 2003.

(112) Aid al-Qarni, *La Tahzan*, Riyad, Maktabat al-Ubaikan. 2011. 28th print.　この書籍を主題として取り上げたのは、兼定愛「『ラー・タフザン』(悲しむなかれ) に見る伝統と革新が調和するクルアーン理解：現代人のフズン (悲しみ) を巡るイスラーム的テクストの分析」(慶應義塾大学大学院政策・メディア研究科博士論文) 二〇二一年。

(113)『黄金期イスラームの徒然草』、拙訳編、国書刊行会、二〇一九年。

(114) 前掲書『現代イスラームの徒然草』、拙訳編、国書刊行会、二〇二〇年。

(115) 手元にあるのは、Precision Medicine「精神疾患を最新のゲノム解析・脳画像技術からとらえる」、北隆館、二〇二一年一〇月、という研究雑誌である。脳科学研究の幾多の論文が掲載されているが、素人目には理解は難しいので、言及するにとどまる。

(116) ウィルフレッド・キャントウエル・スミス『宗教の意味と終極』、国書刊行会、二〇二一年。

（117）二〇二二年秋以降、ＮＨＫテレビでは、「超進化論」と題して、幾度かにわたって菌糸、植物、昆虫、微生物などを取り上げて、今までは目に見えない世界であったが、どれほど互いに助力し合っているかという新たな世界観を示し、相当なインパクトを与えている。共生と進化とが同時並行に展開されてきたということである。正直言って、まだまだ分かっていない部分が大きいというのが、全体の結論である。

（118）菌糸については、https://spc.jst.go.jp/hottopics/1102plant_science/r1102_hosoya.html 二〇二二年一二月一九日検索。幾多の論文や出版物がある。

（119）ユバル・ノア・ハラリ『ホモサピエンス全史―文明の構造と人類の幸福』河出書房新社、上下二巻、二〇一六年。

（120）日本は戦後、宗教から離れるという寂しい選択をしてしまった、それ以外の生き様も可能であったのに、と悔やんでいるのは、阿満利麿『日本人はなぜ無宗教なのか』ちくま新書、一九九九年。一一〇頁。「人間と人生に究極的な意味を与える智恵、つまり宗教は、どうしても必要となってくる。……そのとき、「無宗教」を標榜するだけの選択しかないということは、あまりにも淋しい人生ではなかろうか。近代日本は、そのような淋しい選択を選んだ時代なのであった。」

（121）湯浅泰雄「気の科学」、『講座』第六巻、三四三―三八一頁所収。

（122）門脇佳吉「宗教者から科学者へ―危機意識の覚醒を訴える」、『講座』第一巻、一一九―一一四七頁所収。一四五―一四七頁にある個所を適宜要約した。

(123) 仏教学者の椎尾弁匡（一九七一年没）が大正時代に提唱、二〇一六年以来は彼が学長を務めていた東海学園大学から「共生文化研究」が出されて、椎尾研究という形で共生も課題となっている。椎尾氏は戦前に国粋主義を表明したということが一つの障害になっているにしても、もし「共生」が欧米から発信された思想ならばもっと迅速に日本でも市民権を獲得していたことだろうと思わざるを得ない。

おわりに

時に問われる質問は、何が生きがいであり、何のために生きているのか、という基本的で素朴な問題である。それに対して著者は、生きることが生きることの意味であり、生きる目的は生き抜くことだと答えることにしている。少々問わず語りで、どうどう巡りのような印象ではあるが、それが一番本当のところだと信じている。

人は生きるのに、それ以上の修飾を求め始めるから、話が混乱気味になるのである。生きるだけでは、不十分なのであろうか。もちろん大小、強弱など、様々に色彩は異なるだろう。でもそれらは、すべて極めて些末な事柄であり、軸になるのは、生まれた以上、生き抜くというのが原点である。

一人の力で生まれ出てきた人は、一人もいない。ということは、誰でも多くの人の支援や世話によって命を授かっているのである。賜った生命を全うして、何がしかの貢献もするだろうが、その内容の是非を問うのは、次の話になるのである。人の生をもっとまっすぐに、飾りを付けずに見ることでいいのではないだろうか。

このような素《す》の生命観と人生観に立ち直して、自らを眺め直す必要もあるかも知れない。飾りに振り回されると、何を目標とすべきかといった脱線現象が始まるのである。迷う必要など、何もない。ストレートに素で生きることを目指してほしいのである。生きる、命を大切にするといった次元では、人間全員が完全に平等であることも体感されるだろう。その平等感こそは、あらゆる人権認識の基礎である。揺るぎなき平等感なのである。この原点を踏まえつつ、人に賦与された二大才覚である信仰と知識・科学をしっかり位置付けし、確立したいという気持ちが本書の基礎にある。それら両者は、生きていくうえで、必須の手立てであり拠り所だからである。

ここで本書の組み立てをもう一度確かめておこう。

- 信仰は科学に攻められ、また物質主義に苛まれ、宗教界は全般に意気消沈となっている。宗教は人が信条を求める性向の自然の発露であり、人と不可分であること。
- 近代知は科学的実証の不確かさが証明されて土台が揺さぶられた上に、進化論的合理主義もほころびを見せて沈下している。

・人に天賦の二大才覚である信と知の双方とも、各々再構築が不可避となっている。これは世紀的な、壮大な発想の転換を迫っている事態といえる。
・信仰は、行（祈り）の実践普及と信仰学の振興によって新たな息吹が吹き込める。行者の多くは、行にこそ、信と知の統合を実体験してきている。知は頭脳のみの機能ではないこと。
・科学は「ひらめき」など精神面を取り込むことで幅を拡張し、人を要素還元で骸骨化する科学万能主義を克服すること。気功や瞑想、そして祈りの科学的研究は、この新たな分野のあり方を示唆しているのではないか。人の情動など、情報技術の進歩でも把握が難しい課題にも取り込むこと。
・脱物質主義、脱進化論的合理主義の新たな哲学の要請。それは弱肉強食ではなく、自然の原理としての（したがって仏教由来とは限らない）「新たな共生」の覚醒を含むが、それにしてもそのための学術的にも詰めた議論と概念の定着が求められる。

さらに本書の出発点の一つに考えているのは、以上の検討にイスラームに正確な位置を与えるべきだろうということである。イスラームが日本で広く知られるようになったのは、簡単に言えば二〇〇一年九月のニューヨーク同時多発テロ事件以来と言っても過言ではない。それ以降も多くのテロ事件が、世界を震撼させた。だからイスラームがまだ不十分な扱いしか受けていないとしても不思議はない。多くの分野の大半の研究者にとっては、学生時代以来ほとんど目を向けてこなかった宗教なので、それが自らの研究や執筆活動の中に取り込まれていないのは致し方ないということになる。

多神教と一神教を比較するという論考があっても、そこでは一神教とはキリスト教とせいぜいユダヤ教が対象になっているだけである。これでは片手落ちと言うだけではない。キリスト教とイスラームでは、例えば科学との関係を見ても、前者は対立的であるが、後者は、対立関係はあっても限定的で、キリスト教世界とは大きな違いがある。それを見落としてしまう結果になっているのである。

本書では、場合によっては通常のレベルからすると相当過度にイスラームに言及していると思われるかもしれない。しかしそれは、著者から見てほぼあるべきバランスを取り戻そうとしているだけなのである。その点はご理解いただければ幸いである。

筆を置く前に再確認したいのは、次のことに尽きる。つまり本書が、「信と知」の在り方に関して、日頃の発想を抜け出て新たな心境に立つための一助になれば本望である。また著者から見れば、それは次世代にとっては、実際生活上も不可避の課題となると思料する。そしてこのような画像化しにくくテレビ受けもしない内容の本書を、理解をもって出版していただいた国書刊行会には、深謝と敬意を表したい。

二〇二三年夏

水谷　周

本書の刊行に当たっては、一般社団法人日本宗教信仰復興会議からの出版助成を得ました。

著者　水谷 周（ミズタニ マコト）

京都大学文学部卒、博士（ユタ大学）、（社）日本宗教信仰復興会議代表理事、現代イスラーム研究センター副理事長、日本ムスリム協会理事、日本アラビア語教育学会理事、国際宗教研究所顧問など。日本における宗教的覚醒とイスラームの深みと広さの啓発に努める。著書多数。『イスラーム信仰概論』明石書店、2016年、『イスラームの善と悪』平凡社新書、2012年、『イスラーム信仰とその基礎概念』晃洋書房、2015年、『イスラームの精神生活』日本サウディアラビア協会、2013年、『イスラーム信仰とアッラー』知泉書館、2010年、（以下は国書刊行会出版）『イスラーム信仰叢書』全10巻、総編集・著作、2010〜12年、『クルアーン—やさしい和訳』監訳著、2019年、『黄金期イスラームの徒然草』2019年、『現代イスラームの徒然草』2020年、『祈りは人の半分』2021年、『イスラーム用語の新研究』2021年、『信仰の滴』2022年、『信仰は訴える—次世代への継承』2023年など。

装　丁：真志田桐子

カバー画像：Shutterstock

宗教《しゅうきょう》と科学《かがく》のせめぎ合《あ》い——信《しん》と知《ち》の再構築《さいこうちく》

2023年9月5日　第１版第１刷発行

著　者　水谷　周

発行者　佐藤今朝夫

〒174-0056 東京都板橋区志村1-13-15

発行所　株式会社　国書刊行会

TEL.03(5970)7421(代表)　FAX.03(5970)7427

https://www.kokusho.co.jp

ISBN978-4-336-07557-4

印刷・モリモト印刷株式会社／製本・株式会社ブックアート

定価はカバーに表示されています。

落丁本・乱丁本はお取替いたします。